Giovanna Magi

PARÍS

GUÍA COMPLETA
PARA VISITAR LA CIUDAD

13 Itinerarios con planos detallados
260 fotos en color
Plano de la ciudad
Mapa del Louvre y del Museo de Orsay

EL PALACIO Y LOS JARDINES
DE VERSALLES

BONECHI

© Copyright by Casa Editrice Bonechi via dei Cairoli 18 b - 50131 Firenze - Italia
Tel. +39 055 576841 - Fax +39 055 5000766
E-mail:bonechi@bonechi.it Internet:www.bonechi.it

Proyecto editorial: Casa Editrice Bonechi
Proyecto gráfico y portada: Manuela Ranfagni
Redacción: Simonetta Giorgi y Myriam Zugadi
Videocompaginación: Vanni Berti
Dibujos: Stefano Benini y Fiorella Cipolletta

Textos e investigación iconográfica: Giovanna Magi

Imprimido en Italia por Centro Stampa Bonechi

ISBN 88-476-0654-3

* * *

Las mil y una caras de París

Quien no se acuerda de la frase de Ernest Hemingway "París es una fiesta"? Y continuaba "Viene ganas de comer, beber, escribir, hacer el amor". Era 1921 y todavía hoy en el nuevo milenio, las sensaciones de aquel joven americano sin un duro son las mismas de todos aquellos que han elegido esta ciudad como meta de un viaje.

¿Pero qué París? ¿Cuántos París existen? Existe una París turística, la de los grandes monumentos del pasado, una París secreta y desconocida, la de los museos menores y de las esquinas escondidas, la de las compras y la moda, una París gastronómica, una París a lo largo del Sena y una París de los grandes parques.

¿O no? Hay una única París, de las mil caras, de las mil facetas, de los mil aspectos, una ciudad que desde hace siglos es fiel a si misma y se renueva constantemente. París cambia escribió Charles Baudelaire , cambia "más rápido que nuestro corazón": su evolución se parece más a una revolución que a un cambio constante.

París ha sido cantada, rodada, bailada, pintada, escrita.

Susurrada en la dolorosa voz de Édith Piaf o en la roca de Aznavour, evocada en los movimientos felinos de la Venus negra Joséphine Baker, añorada en las noches tristes de Yves Montand y Gilbert Bécaud, señalada en los pasos de danza de Mistinguette y de Chevalier, para quien "Paris sera toujous Paris".
París es "azul y perezosa", París es "canalla y rufiana", París hosannada y maldita, infierno y amante.
Sujeto preferido de enteras generaciones de pintores, que han fijado sobre el lienzo su rostro y sus colores, protagonista en la gran pantalla de historias de amor o policiacas, refugio para exiliados políticos, para científicos en busca de gloria, para poetas perseguidos, para artistas malditos. Exilio dorado para quien buscaba mundanidad y para quien buscaba silencio y olvido.
París "segunda casa de todos los seres humanos" como la definió Jefferson antes de ser presidente de aquella nación que, al igual que Francia pocos años después, aprendería a luchar y a ser libre .
Sobre ella se han escrito tantas palabras: quien la ha visto y quien la ha soñado, quien ha vivido y quien solamente la ha imaginado. Sobre todos ellos París ha dejado una señal que ha sido una señal de cultura, de amor, de riqueza, de ganas de vivir.

«Je t'aime, ô capitale infâme!»
(Charles Baudelaire).

DINASTÍAS DE LOS REYES DE FRANCIA

MEROVINGIOS

desde
Clodoveo I
(481-511)
hasta
Childerico III
(743-751)

CAROLINGIOS

desde Pipino el
Breve (751-768)
hasta Luis V
(986-987)

CAPETOS

desde Hugo
Capeto (987-996)
hasta Carlos IV
(1322-1328)

VALOIS

desde Felipe VI
(1328-1350)
hasta
Enrique III
(1574-1589)

BORBONES

desde Enrique IV
(1589-1610) hasta
Luis Felipe I
(1830 1848)

BREVE HISTORIA DE LA CIUDAD

Alegoría de la ciudad de París sobre la fachada del Hôtel de Ville.

*P*arís fue probablemente fundada por los galos que crearon un pequeño centro urbano sobre la margen izquierda del Sena. Con el nombre de Lutecia, la ciudad la recuerda Julio César que llegó en el 53 a. C.

Continuamente amenazado por los bárbaros este primer núcleo se trasladó a la Île-de-la-Cité y desde aquí se originó una continua expansión sobre las orillas del río. Residencia primero de los reyes merovingios y de los carolingios después, París llegó a ser la verdadera y propia capital en 987 cuando Hugo Capeto fundó una nueva y poderosísima dinastía. París vivió uno de sus espléndidos momentos entre 1180 y 1223 con la ascensión al trono de Felipe II Augusto, se inició la construcción del Louvre y se fundó la Universidad. Bajo el reinado de Luis IX, el Santo, (1226-1270) se construyó la Sainte-Chapelle y se prosiguieron las obras de Notre-Dame. La dinastía siguiente, en cambio, la de los Valois, dio a París luto y guerras, desórdenes y discordias civiles. Aunque Carlos V restableció momentáneamente el orden, continuaron siempre más enconadas las luchas entre armañacos y borgoñones a las que siguió la ocupación de Inglaterra con Enrique VI, coronado rey de Francia en 1430.

En 1437 Carlos VII retomó París pero la población siguió agotándose en las sangrientas revueltas que alternaban con las epidemias y las pestes. Si bien durante todo el siglo XVI los reyes prefirieron vivir en los castillos del Loira más que en la capital, no por ello cesaron las discordias que la dividían. La difusión del movimiento protestante originó la lucha religiosa que durante mucho tiempo azotó a París y a toda Francia, para culminar con la matanza de los hugonotes en la famosa noche de San Bartolomé (24 de agosto de 1572). Después del asesinato de Enrique III (1589) la ciudad fue asediada durante cuatro largos años hasta que abrió sus puertas a Enrique IV convertido al catolicismo.

A comienzos del siglo XVII vivían en París más de trescientas mil personas. La ciudad alcanzó su mayor importancia bajo el poderoso cardenal de Richelieu y durante la nueva dinastía de los Borbones: en tiempos de Luis XIV, el rey sol, la ciudad contaba con medio millón de habitantes. Pero París alcanzó su lugar en la historia a partir de 1789, cuando comenzó la Revolución que señaló el nacimiento del mundo moderno.

Puede afirmarse que los largos años de terror, de pérdidas de vidas humanas, de daños irreparables a las obras de arte, pasaron al olvido con los nuevos espléndidos años del Imperio y la fastuosa corte que circundó a Napoleón coronado emperador en 1804. Entre 1804 y 1814 París se embelleció continuamente: se levantó el Arco de Triunfo, se erigió la Columna Vendôme, se amplió el Louvre. Después de la caída de otras monarquías, la de Carlos X y la de Luis Felipe Borbón-Orleans, nació la Segunda República. Subió luego al trono Napoleón III quien con-

Juana de Arco se encuentra con Carlos VII en Loches.

París y el Sena en el siglo XVII.

Retrato de Luis XIV.

Napoleón III y el barón Haussmann.

5

fió al barón Haussmann el proyecto de reestructuración urbanística de la ciudad. Se construyeron el mercado de Les Halles, el Bois de Vincennes y el de Boulogne, se edificó la Opéra y se rectificó el trazado de las grandes avenidas.

En 1871 una nueva página triste en la historia de París: la Comúna (18 de marzo - 28 de mayo). Se perdieron muchos edificios ricos de historia y de belleza durante aquellos días de revueltas y de incendios: entre otros el Ayuntamiento y el Palacio de las Tullerías. Con el nuevo siglo París conoció nuevos momentos de esplendor: las Exposiciones Universales e Internacionales, la construcción del Grand y del Petit Palais, el nacimiento de importantes movimientos artísticos, pictóricos y literarios. Desgraciadamente otras dos largas guerras se abatieron sobre la ciudad que sufrió bombardeos y ruina, caída en 1940 en manos del ejército alemán fue liberada por los aliados en 1944. Desde entonces hasta hoy, ciudad finalmente viva y libre, París conserva su rango en la historia de la cultura y de la humanidad.

PARÍS DURANTE LA REVOLUCIÓN

*E*n París se desarrolló, casi toda la Revolución Francesa, aquí se produjeron sus acontecimientos más importantes.

Todo empezó en los Jardines del Palais Royal el 12 de Julio de 1789, cuando Camille Desmoulins con un apasionado discurso, alzó al pueblo, cansado y oprimido por una crisis económica cada vez más fuerte y crítico hacia la Corona porque ya no aprobaba el gobierno.

Fue desde los árboles del Palais Royal que aquellos primeros revolucionarios arrancaron las hojas de color verde, símbolo de la esperanza, para hacerse escarapelas. Dos días después, la Bastilla - símbolo del absolutismo monárquico - se rendía y era demolida. Después de la humillante visita del rey a París, el 17 de julio, la situación pasó a las manos de los jacobinos y de los cordilleros hábiles organizadores de la expedición del 5 y 6 de octubre, que llevó a la familia real

Camille Desmoulins arenga a la muchedumbre en el Palais Royal, el 12 de julio de 1789.

de Versalles a las Tullerías. Junto a Luis XVI se colocó la Asamblea que el 2 de noviembre nacionalizó los bienes del clero.

El soberano vivió en las Tullerías durante 34 meses, interrumpidos por la vergonzosa huida a Varennes en junio de 1791; luego, la determinación de los revolucionarios, unida a la perenne incertidumbre y debilidad del rey y al sutil y bien simulado doble juego de la reina trasladaron de nuevo a los soberanos a la torre del Templo, donde permanecieron encerrados desde el 13 de agosto de 1792 hasta su ejecución en la guillotina en la place de la Concorde. Desgraciadamente, tanto las Tullerías como el Templo, últimas dos residencias de un rey incapaz de reaccionar ante los acontecimientos, fueron devastadas y destruidas. Al contrario se conserva bastante de la Conciergerie, la antecámara de la guillotina, donde los

La toma de la Bastilla.

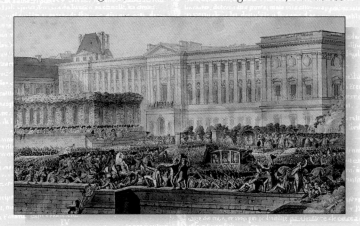

El rey llega al Hôtel de Ville el 17 de julio de 1789.

prisioneros esperaban montar en la carreta que les conducía al lugar de la ejecución.

La meta final de este histórico recorrido rodeado de acontecimientos dramáticos es la actual place de la Concorde que entonces era la place de la Révolution. Aquí tuvo lugar el último acto de muchísimos personajes que han hecho la historia de París y de toda Francia, desde Luis XVI a María Antonieta, de Charlotte Corday a Lavoisier, de Danton y Robespierre a Madame Roland que dirigiéndose a la estatua de la Libertad colocada en el lugar de la de Luis XV, le dirigió la célebre frase: "¡Libertad Libertad, cuantos crímenes se cometen en tu nombre!". Mil cien víctimas cayeron bajo la lama de la guillotina en trece meses. En total la Revolución causó sesenta mil muertos.

Bistrot y Brasserie en París

El bistrot parisino nace durante el siglo XIX durante un aconteci-
miento particular de extraordinaria importancia, como fueron
las grandes obras del arquitecto Haussmann, y se desarrollará definitivamente durante los días de la Exposición Universal que celebra
el siglo XX y que elige como símbolo absoluto la "dame de fer", la
increíble Torre Eiffel. Cuando París se renovó, es decir cuando el
barón Haussmann, en calidad de prefecto del Sena pone en marcha
y dirige toda la reestructuración urbanística de gran parte de la capital francesa cambiándole literalmente la cara entre 1853 y 1870 -
dando de esta forma un punto de referencia a todas las metrópolis
del mundo moderno-, es precisamente durante aquellos años que
nacen y se evidencian los "restaurant" de tradición y corte londinense y su opositor el "bistrot", popular, disponible, alegre y utilísi-
mo. Al primero va la buena burguesía y la aristocracia francesa, al
segundo los trabajadores, los estudiantes, la gente que puede gastar
mucho menos, mejor dicho muy poco. Si teóricamente estos dos
extraordinarios lugares de encuentro se hubiesen podido anular re-

cíprocamente, en París ambos
han sabido convivir aunque si
hoy han perdido parte de su
función original por una senci-
lla razón: la implacabilidad del
tiempo ha jugado un papel ine-
vitable. Durante aquellos años
y hasta no hace mucho tiempo
(quizás los últimos auténticos
bistrots cerraron con el derrum-
bamiento del antiguo mercado
de Les Halles), sus menús coti-
dianos estaban relacionados
con las reglas de los mercados
de los barrios, cada día una es-
pecialidad, un plato por encima
de los demás. Como había su-
cedido antes cuando del cam-

po, y en especial del Macizo Central, llegaron a París los vendedores de vino y carbón para abrir los cafés, las bodegas de vinos, los bistrots y los vendedores de vino y combustibles, los famosos "bougnats" donde se bebía y se comía algo sencillo pero caliente. De esta forma, en este complicado y fascinante siglo XIX florecían continuamente iniciativas de este estilo, similares pero con nombres diferentes: el "troquet", el "bistroquet", el "bouillon", la "crèmerie", la "brasserie" y muchas tabernas de barrio.

¿Qué ha quedado de esta extraordinaria tradición? En París mucho, aunque si ha desaparecido la genuinidad de entonces. ¿Esto significa que en los bistrots y brasseries parisinas o de Lion se come peor? Absolutamente no, seguramente lo contrario. Actualmente chefs importantes son lo bastante snobs para definir su restaurante un bistrot aunque si luego se olvidan de ajustar los precios al nombre. Pero fuera bromas, actualmente son locales extraordinarios, como "Lipp", de gente extraordinaria que cree en lo que hace y que normalmente lo hace muy bien. Y es precisamente "Lipp", en el barrio de Saint-Germain, que nos recuerda que ha sido creado por un "porteur d'eau" durante los años de la transformación de París, uno de los muchos que llegaban del campo trayendo consigo vino, combustible, leña y agua fresca para beber.

Un chef como Guy Savoy, educado en la escuela de Troisgros, tiene todo un señor restaurante en rue Troyon, pero tiene también seis bistrots.

Algunas indicaciones para tener una idea de lo que se come en estos sitios. Las lentejas, la lengua de ternera en *gribiche*, la fricassea de hongos, el formidable *magret de canard* en la pimienta, la terrina de patas de cerdo, la salchicha de Morteau, el salchichón en la pasta de brioche, la cola, pescados extraordinarios de mar o de agua dulce, la *blanquette de veau*, las lechecillas, el hígado, el rognone, el *cassoulet*, los callos, la cabeza y algunos postres excepcionales como pueden ser el *pain perdu* o la *tarte Tatin*.

¿Cuales son actualmente los bistrots más famosos, y al mismo tiempo más apreciados por los parisinos? Es muy difícil hacer una selección podemos sólo indicar algunos como por ejemplo Chez Georges en rue du Mail 1; Le Bourguignon du Marais en rue François Miron 52; Chez Catherine en rue de Provence 65; Au Petit Boileau en rue Boileau 98; Le Baratin en rue Jouye-Rouvé 3, Chez Michel en rue de Belzunce 10; Caves Pétrissans en avenue Niel 30 y decenas y decenas diseminados por todos los barrios de París. Una de las diversiones mayores es conseguir individuarlos solos. Y casi siempre se tiene éxito.

(Piero Paoli)

*Q*ueremos darles una sugerencia.. .gastronómica a todos aquellos que, al ojear la carta de un restaurante, de una brasserie o de un bistrot deseen saborear un plato de la famosa cocina francesa. Les presentamos los que en nuestra opinión son los más conocidos y comunes.

Amuse-gueule: entremeses variados.

Andouillettes: salchichas picadas.

Blanquette de veau: cañadilla de ternera troceada cocida en un caldo con setas, cebolla y perejil.

Bouillabaisse: sopa de pescado servida con pan tostado y salsa de ajo y guindillas.

Bûche de Noël: pasta enrollada en forma de tronco de árbol rellena con crema de cafè.

Cailles aux raisins: callos saltados y pasados por el horno con uvas.

Canard à l'orange: pato estofado en un caldo con zumo de naranja y limón.

Cassoulet: cerdo cocido en un caldo de verduras, cebollas, salchicha y judías.

Charcuterie: embutidos y fiambres.

Choucroute: chucrut.

Civet de lièvre: guisado de liebre.

Coq au vin: pollo troceado dorado con bacon, ajo y setas, y cocido en una cazuela con vino de Borgoña.

Côtes de veau: chuletas de ternera saltadas con mantequilla y servidas con varias salsas.

Crêpes Suzette: creps con mermelada, zumo de naranja y flambeados al licor.

Croque-monsieur: sandwich mixto.

Crudités: verduras crudas servidas como entremeses.

Dinde aux cèpes: pavo relleno servido con setas.

Escargots à la bourguignonne: caracoles cocidos dentro de sus cáscaras con ajo, mantequilla y perejil.

Gigot d'agneau: pierna de cordero asada.

Grenouilles: ranas.

Hachis: diferentes tipos de carne picada servida con verduras y salsas.

Homard à l'armoricaine: bogavante saltado en la sarten con cebollas y tomates, vino blanco y brandy.

Homard Thermidor: bogavante a la plancha cortado por la mitad y gratinado con beschamel a la mostaza.

Huîtres: ostras.

Île flottante: clara de huevo montada a punto de nieve flotando sobre una base de crema.

Langouste à la parisienne: langosta cocida cortada en rodajas con alcachofas, huevos duros y gelatina.

Lapin en gibelotte: conejo estofado con cebolla, setas y vino blano.

Magret de canard: magret de pavo.

Parmentier: carne picada con puré de patatas y gratinada.

Quiche lorraine: tarta salada cocida en el horno rellena de huevos y jamón.

Rillettes: carne de oca y de cerdo cocida en su grasa y servida fría.

Ris de veau: lechecillas al horno.

Soupe à l'oignon: sopa de cebolla.

Suprême de volaille: pechuga de pollo cocida y guarnecida con diferentes salsas.

Tarte Tatin: fina capa de pasta con manzanas carameladas servida al revés.

Tournedos: solomillo de buey a la plancha.

En esta guía de los monumentos y lugares artísticos de París no podía faltar una página dedicada a la gastronomía. Dentro de la infinidad de platos ofrecidos por la cocina francesa hemos elegido cuatro que pueden definirse "históricos".

Gallina cocida a la Enrique IV - Importante plato único, una vez terminado se lleva a la mesa queso y postre. Fue el yerno de Catalina de Médicis, marido de Margarita de Valois, llamada la reina Margot, quien un día dijo "en la mesa de todas las familias francesas habrá un pollo cocido todos los domingos".

Tarte Tatin - Es la más famosa tarta francesa. El plato nació de la siguiente forma: Fanny Tatin, mientras cocinaba en su pequeño hotel, se confundió al meter su tarta de manzana en el horno, colocándola del revés. Pero el resultado fue extraordinario, hasta tal punto, que llegó a los oídos del pastelero de Maxim's

que inmediatamente la introdujo en el menú del restaurante. Desde aquel momento el éxito estuvo asegurado para siempre.

Bouillabaisse - Frédéric Mistral, grande poeta provenzal y premio Nóbel de la literatura en 1904, definió este plato "sopa de oro". El nombre deriva del provenzal "bouiabaisso", contracción de los verbos que significan hervir y bajar. Cuenta la leyenda que San Pedro, vestido de mendigo, un día llamó a la puerta de una pobre casa pidiendo algo de comer; la mujer que allí vivía tenía solamente un vaso de vino y algunos pescados que había cogido su hijo, pero al no saber como cocinarlos, se lo preguntó al viejo quien le enseñó la receta de la que hoy se considera una de las mejores sopas de pescado del mundo.

*L*angosta "armoricaine" - Es un grande plato de la mesa francesa de lujo. Se sabe que fue inventada en París en el siglo XIX por un chef francés procedente de los Estados Unidos. Su receta tuvo tanto éxito que hoy sigue estando en los menús de los grandes restaurantes de estilo clásico.

El encanto del marché aux puces

*¿H*ay algo más divertido que ir de compras en París? En las tiendas de la capital hay de todo: Faubourg St-Honoré, avenue Montaigne, Champs-Élysées, place Vendôme, el problema es sólo elegir. Objetos lujosos y refinados en ambientes lujosos y refinados. Pero hay compras y compras, y a quien se quiere divertir buscando lo imbuscable, París le ofrece el "mercadillo de las pulgas", auténtico paraíso del coleccionismo.

Tal vez no encontraremos el mejor chollo de nuestra vida. Tal vez no encontraremos jamás un Van Gogh o un auténtico mueble Luis XIV por pocos miles de francos. Pero seguramente nos divertiremos penetrando en el laberinto de puestos y tienditas donde se curiosea, se controla, se discute, se regatea.

París ofrece bastantes mercadillos de las pulgas. El más conocido por los turistas es el de Saint-Ouen, a la puerta de Clignancourt, que en realidad está formado por varios pequeños mercados -cubiertos y al aire libre- cada uno con una especialización: Biron, Vernaison, Paul Bert, Rosier, Jules Vallès. Pero también se encuentran chollos en las "Puces de Montreuil", llamado por los parisinos "el mercado de los ladrones" y sobre todo en las "Puces de Vanves", en el 14° arrondissement.

Lo importante de estos mercados, es llegar el sábado por la mañana temprano, muy temprano cuando los "brocanteurs" empiezan a colocar su mercancía: este es el momento para comprar algo al mejor precio.

Los chollos se encuentran siempre y de todas formas nos habremos llevado a casa un pequeño pedacito de historia que -como se sabe- está detrás de cada objeto por muy pequeño que sea.

ÍNDICE DE LOS ITINERARIOS

1° Itinerario

Notre-Đame e Île-de-la-Cité

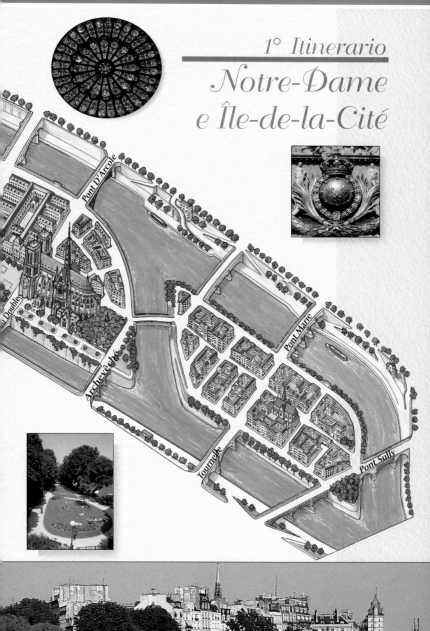

LA CITÉ - La Cité, centro de la vida pública desde el siglo III, surgió aquí, en la isla más grande del Sena. Fue el primer núcleo civil y religioso: aquí se levantó la Catedral y el Palacio de Justicia. Numerosos puentes la unen con las márgenes del Sena, donde se extienden los característicos «quais». Uno de los más animados y alegres es el **quai de Montebello,** que desde el puente del Archevêché conduce al puente del Double; de rico colorido, aloja a lo largo de sus parapetos los característicos «bouquinistes», vendedores de libros raros y curiosos, de estampas antiguas y modernas.

La estatua de Enrique IV.

PONT-NEUF Y SQUARE DU VERT GALANT - Por el quai St Michel y el de los Grands Augustins se llega a este puente, el más antiguo de París, iniciado bajo Enrique III en 1578 según el proyecto de Du Cerceau y de Des Illes y terminado bajo Enrique IV en 1606; tiene dos esbeltas arcadas de pleno centro y en su parte media se levanta la **estatua ecuestre de Enrique IV**. Se llega a la plaza por una escalinata ubicada detrás de la estatua del rey. Es el extremo más saliente de la Cité y uno de los lugares más sugestivos de la ciudad.

PLACE DU PARVIS - Retrocediendo se recorre el célebre quai des Orfèvres - en cuyo N. 36 está la sede de la Policía Judicial - y se llega a la plaza del Parvis que marca idealmente el Km. 0 de las rutas francesas. En efecto, delante de la Catedral y, en el centro de la plaza, una placa de bronce indica el punto de partida de todas las rutas nacionales. Sobre el costado norte se levanta el grandioso **Hôtel-Dieu**, hospital fundado en el siglo VII pero reconstruido entre 1868 y 1878; en cambio sobre el lado oeste aparece el palacio de la **Prefectura de Policía**. Emerge en la plaza la imponente Notre-Dame, catedral de París.

NOTRE-DAME

La catedral de Notre-Dame se levanta en el lugar de una basílica cristiana que a su vez ocupaba el de un preexistente templo de época romana. Se inició su construcción en 1663 por voluntad del obispo Mauricio de Sully. Se construyó primero el coro al que siguieron, con el paso de los años, las naves y la fachada, terminada por el obispo Eudes de Sully hacia el 1200 y las torres en 1245. Los arquitectos Jean de Chelles y Pierre de Montreuil construyeron después las capillas de las naves y la del coro. Hacia 1250 se había concluido también la fachada del brazo norte del transepto mientras que la del brazo sur se iniciaba ocho años después.

La iglesia se podrá dar por terminada en 1345. En 1793 estuvo a punto de ser derribada y luego durante la Revolución se la consagró a la diosa Razón. De nuevo consagrada en 1802, fue escenario dos años más tarde de la coronación de Napoleón I por el papa Pío VII. Fue restaurada por Viollet-le-Duc entre 1844 y 1864.

FACHADA - Está dividida verticalmente por columnas en tres partes y horizontalmente por dos galerías en tres planos de los cuales el inferior se abre en tres portales. En la parte superior está la **Galería de los Reyes** con veintiocho estatuas que representan a los reyes de Israel y de Judá. El pueblo, a quien le recordaban los odiosos reyes franceses, las derribó en 1793 pero fueron sucesivamente reubicadas en su lugar. La zona media se abre con dos grandiosos ventanales bíforos que flanquean un rosetón de casi diez metros de diámetro (1220-1225). En el centro se encuentran las *estatuas de la Virgen con el Niño y ángeles* y a los costados las de *Adán y Eva*. Sobre este plano hay una galería de apretados pequeños arcos entrecruzados que unen las dos torres laterales, no terminadas, con altísimos ventanales bíforos. Viollet-le-Duc pobló esta zona superior con monstruos, figuras grotescas, de formas extrañas y curiosas, que surgen sobre un pináculo, sobre una aguja, en una saliencia del muro.

La fachada de Notre-Dame.

Detalle de una grotesca figura de Notre-Dame.

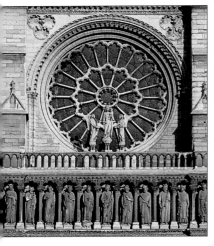

Portal central. Ostenta la representación del Juicio Final. En la columna que lo divide por la mitad está la *estatua de Cristo* mientras que en los marcos aparecen paneles que personifican los *vicios,* las *virtudes y estatuas de los apóstoles.* En la curva del arco aparece la *corte celestial,* el *Paraíso y* el *Infierno.* El luneto con el *Juicio Final* está dividido en tres zonas en las que domina *Cristo entre la Virgen, San Juan y los ángeles* con los símbolos de la Pasión. Debajo, los *bienaventurados* por un lado y los *réprobos* por otro y, en la parte inferior, la *Resurrección.*

Portal derecho. Llamado también de Santa Ana se remonta al 1160-1170 con relieves de los siglos XII y XIII. En la columna divisoria emerge una *estatua de San Marcelo.* En el luneto aparece la *Virgen entre dos ángeles y* a los lados el obispo *Maurice de Sully* y el *rey Luis XII.*

Portal izquierdo. Llamado también portal de la Virgen es el más hermoso de los tres. En la columna divisoria está la *Virgen con el Niño,* de edad moderna, y en la parte superior del luneto, la *muerte,* la *glorificación y* la *Asunción de la Virgen.* En los estípites del portal aparece la representación de los *meses del año y* en los marcos, figuras de santos y de ángeles.

FLANCO DERECHO - En este costado de la iglesia destaca el *portal de San Esteban* iniciado por Jean de Chelles

La rica decoración gótica de los portales de la fachada de Notre-Dame: bajo el rosetón se desliza la galería con las 28 estatuas de los reyes de Israel y de Judá.

en 1258 y terminado por Pierre de Montreuil, con un hermosísimo rosetón y otro más pequeño en la cúspide. En el centro de la catedral, se levanta la **aguja** de 90 m de altura, que fue rehecha por Viollet-le-Duc representado entre los Apóstoles y los Evangelistas que la decoran.

INTERIOR - Las proporciones son imponentes: 130 metros de largo, 50 de ancho y 35 de altura, con una capacidad de 9.000 personas. Está dividido en cinco naves por columnas cilíndricas de 5 m de diámetro con un doble deambulatorio que circunda el transepto y el coro. El **rosetón** de la fachada, sobre el órgano del siglo XVIII, contiene las representaciones de los signos zodiacales, de los meses, de los vicios y de las virtudes. Sobre las arcadas, amplios ventanales coronan una tribuna con bíforos. Las **capillas**, que se suceden hasta cruzar el brazo transversal del transepto, están llenas de obras de arte de los siglos XVII y XVIII; destacan dos pinturas de Le Brun, el *Martirio de San Esteban* y el *Martirio de San Andrés*

Dos detalles de la decoración escultorea.

Una vista nocturna de la iglesia.

respectivamente en la I y en la II capilla a la derecha. Las dos cabeceras del transepto tienen espléndidos vitrales del siglo XIII. El vitral de la cabecera norte (hacia 1250) representa temas del Antiguo Testamento y en el centro la *Virgen y el Niño;* el de la cabecera sur, restaurado en el siglo XVIII, representa en el centro a *Cristo en actitud de bendecir* rodeado por apóstoles y mártires, por vírgenes

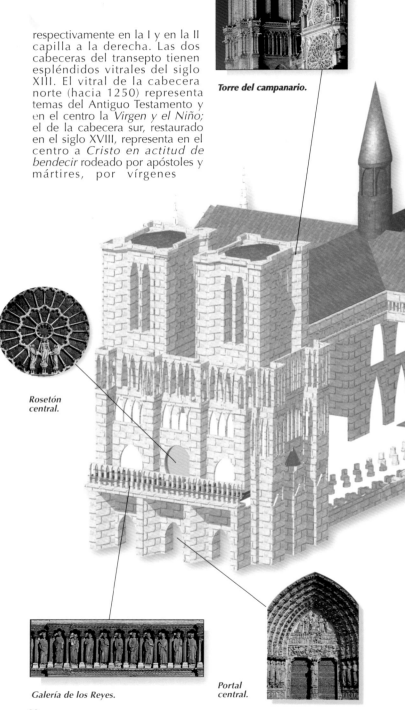

Torre del campanario.

Rosetón central.

Galería de los Reyes.

Portal central.

prudentes y vírgenes locas. Del transepto se pasa al **coro;** a la columna de la derecha del ingreso está adosada la célebre *estatua de Notre-Dame-de-Paris,* obra del siglo XIV procedente de la capilla de St-Aignan. El **presbiterio** está circundado por un coro de madera tallada (siglo XVIII); sobre el altar mayor, la estatua de la *Piedad* de Nicolas Coustou en el centro, y a los lados las estatuas de *Luis XIII,* obra de Guiller-

Ábside.

mo Coustou y la de *Luis XIV,* de Coysevox. Un recinto de mármol, no terminado, con relieves de Jean Ravy y de Jean le Bouteiller, separa el presbiterio del deambulatorio, cuyas capillas radiales están llenas de tumbas. A la derecha, entre la Capilla St-Denis y la capilla Ste-Madeleine, se encuentra la entrada al **Tesoro.**

Estatua de Notre-Dame-de-Paris.

Rosetón sur.

El lado derecho y el ábside de la catedral.

ÁBSIDE - Obra de Jean Ravy (siglo XIV) es uno de los más audaces ábsides de la Edad Media, con arcos ascendentes de 15 m de radio.

Por el ábside de Notre-Dame se llega al **square Juan XXIII** cuyas formas actuales y cuya fuente neo-gótica se deben a una renovación de 1844. Recorremos ahora el **quai aux Fleurs** y el **quai de la Corse** donde todos los días hay un pintoresco y característico mercado de flores, sustituido los domingos por un igualmente característico mercado de pájaros. Al otro lado del **puente Notre-Dame**, encontramos la sede del **Tribunal de Comercio** y seguidamente el **puente del Change** cuyo nombre se debe a los numerosos negocios de los cambistas que en la Edad Media tenían aquí su sede principal.

Una catedral para la grande pantalla

En 1853 Victor Hugo inmortaliza la catedral de París en la que se ha considerado una de sus novelas más grandes: "Notre-Dame-de-Paris". La belleza del sujeto, el dramatismo y la humanidad de los personajes conquistan en seguida el cine. En 1923 y 1939 se realizarán dos películas con el mismo título "el jorobado de Notre Dame", que se inspiran en la conmovente figura de Cuasimodo, el jorobado con la cara deformada que se ponía contento con el sonido de las seis grandes campanas. Otras dos películas se producirán en 1956 y en 1982. En 1996 los dibujantes de Walt Disney dieron vida a una edición animada de la novela, además, dos años más tarde se convertiría también en un éxito musical.

PALAIS DE JUSTICE

Es un vasto conjunto de edificios que comprende el **Palacio de Justicia** propiamente dicho, la **Sainte-Chapelle** y la **Conciergerie**. En este mismo lugar habían tenido su «quartier général» administrativo y militar los gobernadores romanos, los reyes de la dinastía merovingia y después los Capetos, que erigieron aquí una capilla y una fortaleza. En el siglo XIII Luis IX, el Santo, edificó la Sainte-Chapelle y en el siglo siguiente Felipe el Hermoso mandó levantar la Conciergerie. En 1358, después de las sangrientas revueltas de los Parisienses conducidos por Étienne Marcel, Carlos V prefirió trasladarse al Louvre y dejar el palacio al Parlamento que se instaló en él como corte suprema de la justicia del reino.

Sucesivamente, diversos incendios dañaron el palacio, en 1618 ardió la Grande Salle, en 1630 la alta aguja de la Sainte-Chapelle, en 1737 la Corte de los Condes, en 1776 la Galería de los Mercaderes. El ordenamiento de justicia que hasta entonces había permanecido intacto, fue alterado por la Revolución. Los nuevos tribunales se instalaron en el antiguo edificio que desde entonces se llamó Palacio de Justicia. Otras imponentes restauraciones realizadas bajo la dirección de Viollet-le-Duc, dieron al edificio su actual aspecto. Sobre el boulevard du Palais se abre la monumental fachada del edificio. A la derecha la **Torre del Reloj,** que se remonta al siglo XIV. El reloj pertenece al 1334 y los relieves son de Germain Pilon (1585). Sigue luego el frente del Tribunal Civil de estilo siglo XIV pero construido en 1853. En el centro de la fachada una altísima verja (1783-1785) conduce a la **Cour du Mai,** construida en 1786 por Antoine y Desmaisons. Desde aquí, a través de una galería abovedada, se llega por la izquierda a la Sainte-Chapelle.

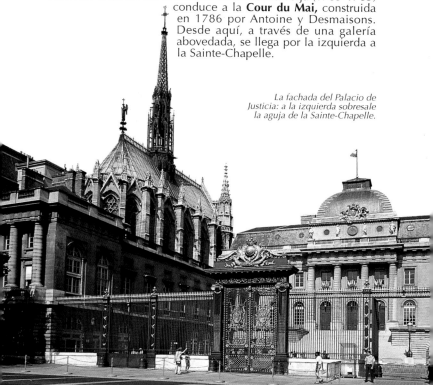

La fachada del Palacio de Justicia: a la izquierda sobresale la aguja de la Sainte-Chapelle.

El interior de la Iglesia Inferior.

SAINTE-CHAPELLE

La ordenó Luis IX, el Santo, para custodiar la Corona de Espinas que el soberano había comprado en 1239 en Venecia. Fue proyectada por Pierre de Montreuil quien ideó dos capillas superpuestas cuya consagración data de 1248. Por encima de un alto basamento (al que corresponde la iglesia inferior), se abren amplios ventanales coronados en cúspide. El techo fuertemente inclinado tiene balaustrada de mármol y una esbeltísima aguja labrada de 75 m de altura.

Iglesia Inferior. De apenas 7 m de altura, consta de tres naves; la central es enorme con relación a los dos laterales que son bastante reducidas. Un motivo de pequeños arcos trilobulados sostenidos por pequeñas columnitas aparece a lo largo de los muros. El **ábside,** al fondo, es poligonal. La iglesia se caracteriza por una riquísima decoración policromada.

Iglesia Superior. Se asciende a ella por una escalera interior. De una sola nave, tiene

El interior de la Iglesia Superior, con las famosas vidrieras.

17 metros de ancho y 20,50 de altura. Un alto zócalo la rodea completamente interrumpido por arcadas de mármol labrado que a ratos se abren en profundos nichos. Los dos nichos de la tercera arcada estaban reservados para el rey y su familia. A cada columna está adosada la estatua de un apóstol, del siglo XIV. Todos los elementos arquitectónicos de la iglesia están reducidos al mínimo para permitir la inserción de los quince grandes *vitrales* de 15 metros de altura que con sus 1.134 escenas cubren una superficie de 618 metros cuadrados. Pertenecen al siglo XIII y representan, con colores vivos y resplandecientes, escenas de la Biblia y del Evangelio.

CONCIERGERIE

El severo edificio se remonta a la época de Felipe el Hermoso, entre finales del siglo XIII y principios del XIV. Su nombre deriva de *concierge* o sea el nombre del gobernador real bajo cuya dirección estaba el edificio.

Hoy ocupa el ala norte del Palacio de Justicia. Desde el quai de la Mégisserie es posible admirar en toda su belleza el flanco del edificio con sus dos torres gemelas: a la derecha la **Tour d'Argent** donde se custodiaba el tesoro de la Corona y a la izquierda la **Tour de César**. Desde el siglo XVI la Conciergerie fue prisión de Estado; durante la Revolución sus celdas encerraron millares y millares de ciudadanos condenados a muerte: María Antonieta, Madame Isabel, hermana del rey, Carlota Corday, el poeta Andrea Chénier....

INTERIOR *(La entrada está en el N. 1 del quai del Reloj)* - En la planta baja se encuentra la **Sala de los Guardias**, con fuertes columnas que sostienen cúpulas góticas y la amplísima **Sala de los Hombres de Armas**. Esta última comprende cuatro naves; mide 68 metros de largo, 27 de ancho y 8 de altura; era el antiguo comedor del rey. En

El macizo edificio de la Conciergerie.

las cocinas cercanas, con cuatro enormes chimeneas en las esquinas, se preparaban banquetes para no menos de un millar de comensales. En una amplia sala de bóvedas cruzadas, los detenidos pagaban para conseguir un colchón de paja donde acostarse por la noche. En otro ambiente, denominado irónicamente *rue de Paris* se amontonaban los prisioneros pobres. La celda más sugestiva es sin duda la que María Antonieta ocupó entre el 2 de agosto y el 16 de octubre de 1793, que la duquesa de Angoulême, única hija sobreviviente de Luis XVI, transformó en capilla en 1816. Actualmente la celda se comunica con la que fue ocupada primero por Danton y luego por Robespierre. De aquí se pasa a la **Capilla de los girondinos** que había sido transformada en prisión colectiva; allí se conserva el crucifijo de María Antonieta. Por la capilla se llega al **Patio de las mujeres,** destinado a las prisioneras.

La ejecución de María Antonieta

El 16 de octubre de 1793, el fiscal del Tribunal Revolucionario de París, Fouquier-Tinville leyó la sentencia con la que se condenaba a "María Antonieta de Austria viuda de Luis Capeto " a la pena de muerte.
El último día de la que había sido llamada "Madame Déficit" empezó a las cuatro de la mañana, cuando -sin demostrar emoción alguna- escuchó la sentencia y regresó a su celda para prepararse para el último viaje. Llevaba una combinación negra, una bata blanca, un fichu y una cufia de muselina, ambas blancas. Las muñecas las tenía atadas detrás de la espalda.
Si Luis XVI fue al encuentro con la muerte en una carroza cerrada, este privilegio se le negó a su mujer. La reina, mejor dicho "la Austriaca", recorrió el último camino sola en una sucia carreta, expuesta a las ofensas y a los gritos de la gente que se amontonaba por las calles que conducían al lugar de la ejecución.
En una ventana de la rue St. Honoré estaba asomado el pintor Jacques-Louis David, que con pocos trazos de lápiz, realizó un boceto inolvidable y cruel, un retrato-caricatura de María Antonieta: el busto erguido, el rostro impenetrable, una expresión cerrada y desdeñosa en los labios cerrados. Lo que había sido una de sus más bonitas características -el delicioso morro típico de los Asburgo- se había transformado en una expresión de desprecio total por todo aquello que le rodeaba.

Esta es la última imagen oficial que tenemos de María Antonieta: una mujer destrozada y humillada que, con gran dignidad, iba hacia la muerte.
Poco tiempo después -a las doce y cuarto del medio día- María Antonieta fue justiciada.

ÎLE-ST-LOUIS

A través del moderno puente de St-Louis llegamos a
ese lugar seductor y lleno de
fascinación antigua que es la
Isla de San Luis. Por el **puente de la Tournelle,** construido
por vez primera en madera
en 1370, reconstruido varias
veces y coronado con una
estatua de la patrona de París,
Santa Genoveva, se llega a la
iglesia de St-Louis-en-l'Île,
iniciada en 1664 según
proyecto de Le Vau y terminada en 1726. El interior, de
tres naves, es fastuosamente
barroco resplandeciente de
oros, esmaltes y mármoles
policromos. Al salir de la
iglesia y una vez atravesado
el puente Sully nos encontramos en el extremo de la isla
ocupada por el square Henri
IV, minúsculo jardín con el
*monumento al escultor A. L.
Barye.* Continuando por el
quai d'Anjou, encontramos
los más hermosos palacios
del islote. En el N. 2 está el
Hôtel Lambert, construido en

*La entrada del Institut du Monde Arabe,
con el muro exterior decorado con los
motivos típicos de la musharabiya.*

1640 por Le Vau y decorado por Le Brun y Le Sueur; en el N.
17 se halla la entrada al **Hôtel de Lauzun,** uno de los más
fastuosos ejemplos de alojamiento privado del siglo XVII.
Levantado en 1657 sobre proyecto de Le Vau, perteneció al
duque de Lauzun, de quien tomó el nombre, tan sólo durante
tres años. Teófilo Gautier fundó allí el «Club de los Haschis-
chins» y lo habitó con el otro gran poeta Charles Baudelaire. El
palacio pertenece actualmente al Ayuntamiento de París donde
recibe a sus huéspedes más distinguidos. Seguimos y en el N.
27 encontramos la morada de la marquesa de Lambert que dio
vida a un círculo literario y a través del quai de Bourbon volve-
mos al extremo de la isla.

INSTITUT DU MONDE ARABE - Se encuentra en la rue des
Fossés-Saint-Bernard, en la esquina con el puente Sully.
Construido de vidrio, aluminio y cemento por Jean Nouvel,
Pierre Soria y Gilbert Lezenes en 1987, el IMA ha conseguido
armonizar las exigencias modernas con la más pura tradición
árabe, en la luz hábilmente filtrada por los motivos típicos de la
musharabiya.
El edificio que cubre una superficie de más de 26.000 metros
cuadrados, acoge en sus nueve pisos un importante centro de
documentación sobre la cultura árabe, un museo, una biblioteca y otros amplios espacios expositivos. El lado norte del Instituto, abierto sobre el Sena, refleja las fachadas de los edificios
que se alinean en la Île Saint-Louis.

2° Itinerario

El Museo *(pág. 33)*
Place du Carrousel *(pág. 51)*
Arco del Carrousel *(pág. 51)*

Informaciones prácticas para la visita

Museo del Louvre (Metro: línea 1 - Estación Palais Royal / Musée du Louvre).
Horario: abierto todos los días excepto los martes desde las 9 hasta las 18. Hasta las 21,45 los miércoles (todo el museo) y los lunes (circuito breve).
Accesos: entrada principal de la Pirámide en la Cour Napoléon. Otras entradas: Porte des Lions, paso Richelieu (grupos) y Carrousel.

Informaciones telefónicas: 01 40205151
Minitel 3615 Louvre
Internet www.louvre.fr

Para evitar esperar delante de la Pirámide, se puede comprar el ticket anticipadamente llamando al número 0803808803, o en Minitel o en Internet.

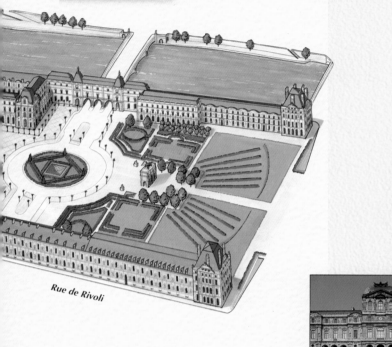

Rue de Rivoli

El castillo del Louvre como aparecía en el retablo del parlamento de París (Anónimo flamenco, mediados del siglo XV).

Plásticos del Louvre (Munier y Polonovski - escala 1:1000): el palacio como era en 1380 y en 1870.

HISTORIA - Su origen se remonta a finales del siglo XII cuando Felipe Augusto, al partir para la III cruzada, mandó construir en las proximidades del río una fortaleza para defender a París de las incursiones de los sajones (en efecto, el nombre Louvre parece derivar de la palabra sajona «leovar» que significa «morada fortificada»); este primer núcleo ocupaba aproximadamente un cuarto de la actual Cour Carrée. El rey seguía prefiriendo vivir en la Cité de modo que la fortaleza alojaba el Tesoro y los archivos. En el siglo XIV, Carlos V el Sabio, la eligió como residencia propia y mandó construir allí la famosa Librería. El Louvre desde ese momento no alojó más reyes hasta 1546 cuando Francisco I después de haber ordenado demoler la vieja fortaleza encomendó a Pierre Lescot levantar sobre sus cimientos un nuevo palacio más acorde con los gustos renacentistas. Los trabajos continuaron con Enrique II y Catalina de Médicis quien confió a Filiberto Delorme la tarea de levantar el Palacio de las Tullerías y unirlo al Louvre mediante un brazo proyectado hacia el Sena. Las modificaciones y ampliaciones del palacio continuaron con Enrique IV quien mandó construir el Pabellón de Flora, con Luis XIII y Luis XIV que completaron la Cour Carrée y levantaron la fachada oriental con la Colonnade.

En 1682, con el traslado de la corte a Versalles, los trabajos fueron casi abandonados y el palacio quedó tan abandonado que se pensó directamente en demolerlo (en 1750). Los trabajos, interrumpidos durante la Revolución, fueron reiniciados por Napoleón I. Sus arquitectos Percier y Fontaine iniciaron la construcción del ala norte, concluida en 1852 por Napoleón III que finalmente se decidió a terminar el Louvre. Durante los días de la Comuna, en mayo de 1871, ardió el palacio de las Tullerías y el Louvre alcanzó su aspecto actual. Dispersada la importante Librería de Carlos el Sabio, Francisco I en el siglo XVI inició una colección artística. Se acrecentó notablemente bajo Luis XIII y Luis XIV, y a la muerte de este último, se realizaban ya regularmente en el Louvre exposiciones de pintura y escultura. El 10 de agosto de 1793 se abría al público la Galería transformada finalmente en museo. Desde ese momento tuvo un incremento continuo; Napoleón I imponía a las naciones vencidas un tributo en obras de arte. La piezas que figuran en el catálogo están distribuidas en siete secciones: de las antigüedades egipcias, griegas, etruscas y romanas a las orientales; de la escultura medieval a la moderna; de los objetos de arte (entre los cuales, también el Tesoro real) a las inmensas colecciones de pintura y artes gráficas.

EL MUSEO

El proyecto "Grand Louvre" empezó en 1985, después de la decisión del Presidente de la República Mitterrand de trasladar el Ministerio de Hacienda que estaba antes en el pabellón de Flora y volver a darle al palacio su función original de museo. Además, para agrandar el área de exposición y acercar el Louvre a la ciudad fueron creados nuevos espacios debajo de la Cour Napoléon. Una pirámide de cristal magnífica sirve como *trait d'union* entre los salones nuevos y la superficie. Esta tiene a los lados tres pirámides más pequeñas que también reflejan la luz varia-

Vista del pabellón Richelieu desde el interior de la Pirámide.

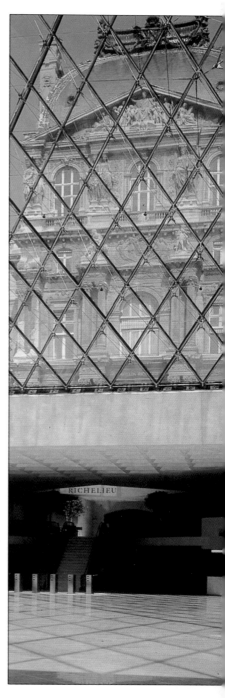

Vista nocturna de las Pirámides de Ieoh Ming Pei.

Arte griego: La Venus de Milo.

ble del cielo de París. El arquitecto americano de origen chino Ieoh Ming Pei fue el creador de este ambicioso proyecto que no sólo ha suscitado comentarios de los Parisienses. Pei diseñó el ala nueva de la National Gallery en Washington D.C. La transformación completa de palacio a museo del Louvre se efectuó el 18 de noviembre de 1993, doscientos años después de su abertura al público con la inauguración del ala nueva Richelieu. Hay que decir que el ala Richelieu, con sus seis colecciones distribuidas en 22.000 metros cuadrados, en 165 salas y en cuatro pisos, es la cara nueva del Louvre, caracterizada por una lectura nueva de las obras de arte y por un modo diferente de disfrutar del ambiente expositivo. El arreglo del ala Richelieu ha incluido la modificación del aparcamiento de coches del Ministerio de Hacienda. Gracias a la cobertura de dos patios (con un vidriado estupendo que se eleva 30 metros del suelo) y a una

transformación de éstos, se pudieron exportar las estatuas monumentales de la escuela francesa creadas para el exterior (plazas, parques y jardines públicos). Estos dos patios Cour Puget y Cour Marly (1.800 metros cuadrados el primero y 2.150 el segundo) han conservado la abertura original y desde arriba es posible obtener una vista al interior de los patios, aún cuando se pasa simplemente por el pasaje Richelieu.

En el cuadro de la renovación total del Museo (transformaciones en el ala Denon y en el ala Sully de 1993 a 2001) no hay que olvidar el pasaje del Carrousel diseñado por los arquitectos Michel Macary y Gérard Grandval que está caracterizado en el centro por la pirámide volteada (otra obra de Pei) que ilumina el espacio subterráneo y crea un tipo de continuidad lógica hacia el hall Napoleón. En éstas grandes galerías que convergen hacia la pirámide se asoman los escaparates de muchos almacenes (de moda, cosméticos, perfumes, bisutería, discos y libros). También hay bancos, restaurantes, la

Leonardo da Vinci: La Gioconda.   *Arte egipcio: Escriba sentado.*

Librería del Museo, una oficina de correos y el CyberLouvre.
Desde aquí es posible admirar (en el Louvre medieval) los vestigios del Louvre antiguo de la época capetingia que Felipe Augusto mandó construir como fortaleza, en el centro de ésta había un imponente torreón redondo, de treinta metros de altura y estaba rodeado por una zanja profunda. El tronco que formaba el basamento y que mide siete metros de altura y quince de diámetro se mantiene en un estado de conservación excelente.
Después de éstas modificaciones y transformaciones nuevas el museo Louvre ha quedado estructurado en siete secciones: **Antigüedades orientales y Arte del Islam; Antigüedades egipcias; Antigüedades griegas, etruscas y romanas; Objetos de arte; Esculturas; Artes gráficas; Pintura.**
Estas secciones están distribuidas en tres alas accesibles con escalera móvil desde el hall Napoleón, debajo de la pirámide: el **ala Richelieu**, con su recorrido a lo largo de Rue de Rivoli; el **ala Denon**, que recorre el río Sena; el **ala Sully**, que se despliega alrededor de la Cour Carrée. Para visitar las diferentes

VISITA A LAS COLECCIONES

Antigüedades orientales e Islam: ala Richelieu (entresuelo y planta baja) y ala Sully (planta baja).

Antigüedades egipcias: ala Sully (entresuelo, planta baja y primer piso) y ala Denon (entresuelo).

Antigüedades griegas, etruscas y romanas: ala Denon (planta baja) y ala Sully (planta baja y primer piso).

Objetos de arte: ala Richelieu (primer piso donde se encuentran también los *Aposentos de Napoleón III,* conjunto decorativo particular del segundo imperio, abiertas por primera vez al público); ala Sully (primer piso) y ala Denon (primer piso).

Esculturas: ala Richelieu (entresuelo y planta baja) y ala Denon (entresuelo y planta baja).

Pintura: ala Richelieu (segundo piso, con la pintura francesa de los siglos XIV a XVII y la pintura holandesa, flamenca y alemana); ala Sully (segundo piso, con la pintura francesa de los siglos XVII a XIX) y ala Denon (primer piso, con la pintura francesa de gran tamaño del siglo XIX, la pintura italiana y la pintura española).

Artes gráficas: ala Richelieu (segundo piso, con las escuelas del norte); ala Sully (segundo piso, con la escuela francesa) y ala Denon (primer piso, con la escuela italiana).

Louvre medieval.

colecciones es necesario recorrer el itinerario trazado con colores que se encuentra en los planos en la página 37.

A estos espacios expositivos hay que añadir el entresuelo del ala Sully, el **Louvre medieval** y la sección de historia del Louvre.

Gracias a la nueva ala Richelieu, algunos grandes ciclos de obras como las 24 telas dedicadas a la vida de María de Médicis que la reina de Francia le encargó a Rubens en 1622 han podido encontrar un sitio apropiado. Estas telas, inauguradas en 1625, inicialmente habían sido concebidas para la galería occidental del palacio de Luxemburgo. La vasta **Galería Médicis** actualmente las acoge en un espacio de 524 metros cuadrados cubierto por un techo a cúpula e iluminada, como las otras salas de ésta sección, por la luz cenital que acaricia todos los cuadros sin asaltarlos violentamente.

Otro grupo de obras que justamente sobresale es el compuesto por **12 tapices de la Caza de Maximiliano** tejidos en Bruselas

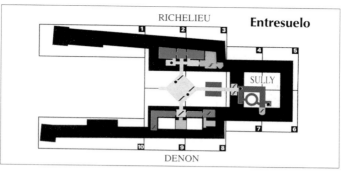

Entresuelo

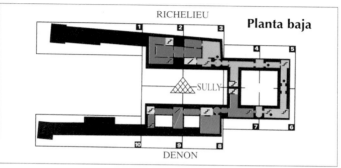

Planta baja

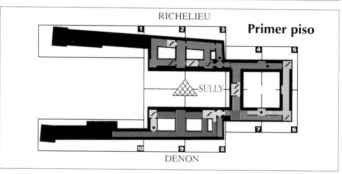

Primer piso

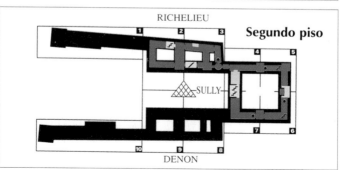

Segundo piso

37

hacia 1530 con los cartones de Bernárd van Orley. Tampoco podemos olvidar el **patio Khorsabad** (sala 4 de las Antigüedades Orientales) espléndida y emocionante evocación del palacio del rey Sargon II en Dur Sharrukin, actualmente la pequeña ciudad de Khorsabad cerca de Mosul.

ANTIGÜEDADES ORIENTALES

En 1881 se instituyó el sector de las Antigüedades Orientales que comprende la vasta zona que se extiende desde el Bósforo hasta el golfo Pérsico, de donde provienen las numerosas piezas que aquí se exponen.

También son de gran importancia las estatuas neo-sumerias que estilísticamente continúan el periodo anterior de la dinastía de Akad: de ésta se destacan un grupo de unos treinta ejemplares que representan *Gudea,* el «patési» de la ciudad de Lagash, o sea el personaje que ocupaba un cargo político y religioso. La mayor parte de estas estatuas provienen de Tello, después de las excavaciones francesas: una de las más bellas, por su simple concepción, es la que adquirió el Louvre en 1953, en diorita, de 1,05 m de altura y datada entre el 2290 y el 2255 a. C., con las manos juntas, como orando, Gudea lleva en la cabeza el característico turbante de cordero de Persia y en los hombros una simple manta. De las excavaciones de Mari provienen una *estatua pequeña de alabastro que representa el funcionario Ebih-il,* con las manos unidas sentado en una banqueta de mimbre: banqueta que todavía hoy se sigue usando en Irak. De gran importancia no sólo como obra de arte sino como documento histórico, es la célebre *estela de Hammurabi* (principios del II milenio) un bloque de basalto negro, de 2,25 m de altura, que tiene grabados en lengua acadia las 282 leyes que recogían las normas legislativas y las costumbres de los antiguos sumerios: la influencia de estas leyes llegó hasta el Código Justiniano y el de Napoleón. De gran belleza también los testimonios de la potencia asiria del siglo IX al VII a.C., así como las decoraciones del palacio de Nimrud, Ninive y Khorsabad, con los potentes *toros alados* con cabeza humana, de cuatro metros de altura; del fastuoso palacio de Dario en Susa provienen en cambio los *arqueros* de la guardia privada del Emperador, los llamados Inmortales: de 1,47 metros de altura cada uno, son de ladrillos esmaltados y pintados. En efecto, Mesopotamia, tierra pobre de piedras, construía con ladrillos cocidos al sol y esmaltados. Por fin las antigüedades provenientes de Palestina y de la región siria-fenicia hasta sus más lejanas extremidades, Túnez y Argelia.

Arte persa: los Arqueros de Dario.

ANTIGÜEDADES EGIPCIAS

Universalmente célebre
este departamento fundado
por Jean-François Champo-
llion, primer estudioso que
descifró los jeroglíficos. Enriqueciéndo-
se siempre con adquisiciones y donaciones, el sector egipcio del Louvre ofrece
la más amplia documentación sobre la civilización ubicada a orillas del Nilo desde los albores de su
nacimiento hasta el periodo tolemáico, romano y bizantino.
Al Antiguo Imperio pertenece la estatuilla del *escriba sentado*
realizado durante la V Dinastía quizás hacia el 2500 a. C.
Hallada en 1921 cerca de Sakara, de 53 cm de altura, de piedra
calcárea pintada con grandes ojos con incrustaciones de
piedras auras: la cornea de cuarzo blanco, el iris de cristal de
roca y las pupilas de ébano. Animado de intensa vida interior,
el escriba parece interrogar con los ojos, listo para iniciar su
trabajo en el papiro que tiene apoyado en las rodillas. Siempre
a la V Dinastía pertenece el *mastaba de Akhtihetep,* de la que el
Louvre conserva toda la parte decorada, con escenas que ilustran la vida cotidiana y la célebre cabeza de hombre llamada
«*Cabeza Salt*» de severa expresión. Del Medio Imperio (en
tiempos de la XII Dinastía) nos llegan la *estatua del Canciller
Nakht,* de gran realismo, con la madera que conserva todavía
trazas del color original y la armoniosa *portadora de ofrendas*
estatuilla de madera. Interesantes también las obras, de gran
naturalismo, que pertenecen a la época de Echnaton, el faraón
herético, representado en un extraordinario *busto de arenisca,*
hallado por Henri Chevrier, o la *cabeza de princesa,* caracterizada por su alto cuello. Una sección entera dedicada al *arte
copto,* con una rica documentación sobre tejidos, tapices,

Arte egipcio: el Visir Seny-nefer y su mujer Hatshepsut.

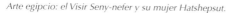

39

Arte egipcio: bajorrelieve de caliza pintada con Seti I y la diosa Hathor.

pinturas al fresco desprendidas y restos arquitectónicos.
El Egipto de la época romana está sobre todo documentado a través del arte funerario que va desde el siglo I a.C. al siglo IV d.C. No hay que perderse la excepcional serie de retratos pintados con cera sobre paneles de madera y conocidos como *"retratos del Fayum"*, extraordinarios por la vivacidad y el realismo de ejecución.

ANTIGÜEDADES GRIEGAS, ETRUSCAS Y ROMANAS

También esta sección, al igual que
la egipcia, ofrece un panorama
extraordinario de testimonios artísticos, desde la edad arcaica hasta el
tardío imperio romano.
Las obras maestras son tantas y tan célebres que
es casi imposible señalarlas todas. Es suficiente recordar, del
periodo arcaico, la *Dama de Auxerre,* la *Hera de Samo,* y el
Caballero Rampin, con la discreta e irónica sonrisa que ilumina
su rostro. El periodo clásico está bien representado por un frag-
mento del *friso de las Panateneas* procedente del Partenón de la
Acrópolis de Atenas: nacido en el taller de Fidias el siglo V a.
C., conocido también con el nombre de Friso de las Ergastinas.
Dos son las esculturas que han contribuido a la celebridad del
museo que las alberga: la *Victoria de Samotracia* y la *Venus de
Milo.* La primera hallada en 1863, es de mármol pario y se cree
que conmemore los éxitos que los Rodios consiguieron en la
guerra contra Antioco III. La segunda descubierta en 1820 por
un campesino en la isla de Milo, en las Cícladas, de finales del
siglo II a. C. que sin duda alguna deriva de un original de Praxi-
teles y se considera el prototipo de la belleza griega femenina
El arte romano está representado entre tantas obras, por un frag-
mento del *friso del Ara Pacis* de Roma (9 a. C.), por una estatua

Arte griego: el Caballero Rampin, detalle.

Arte griego: La Victoria de Samotracia.

que representa *Augusto* (considerado como uno de los retratos más bellos del Emperador) y una serie de *retratos de Trajano, Adriano, Antonino Pio.* Además de todos los bronces entre los que destaca por su belleza el *Apolo de Piombino* también hay que recordar la orfebrería greco-romana, con el célebre *Tesoro de Boscoreale,* encontrado en una villa destruida en el 79 d. C. por la erupción del Vesubio.

COLECCIONES DE PINTURA

La colección de pintura del Louvre es sin duda alguna la más importante del mundo, iniciada por Francisco I (1515 1547) como auténtica y verdadera colección de obras de todo tipo destinadas a embellecer la residencia real de Fontainebleau. El soberano llegó a asegurarse el artista más célebre de su tiempo, Leonardo da Vinci, y por lo tanto la propiedad de algunas de sus obras más importantes, como *La Gioconda* y la *Virgen de las Rocas*. Un impulso ulterior a la colección lo dio Luis XIII aunque si el auténtico coleccionista no fue tanto el soberano cuanto su ministro el Cardenal Richelieu, que cuando murió dejó todo a la corona. La consistencia de la colección era todavía relativamente modesta: un cálculo de aquel tiempo llega a contar unos doscientos cuadros. Es con el sucesor Luis XIV que se realiza un auténtico paso adelante porque el soberano adquiere parte de la colección del Cardenal Mazzarino y la colección de Carlos I de Inglaterra. Y ulteriormente a finales del siglo XVIII se engrandece aun más, debido a la requisición de las iglesias, familias nobles y administraciones disueltas. Aunque si después a finales de 1815, muchas obras pasan de nuevo a manos de sus legítimos propietarios, a partir del Segundo Imperio una oculta política de adquisiciones permitió el continuo enriquecimiento de obras cada vez más importantes, ampliando constantemente la colección.

Hubert Robert: La galería del Louvre.

ESCUELA FRANCESA

Las pinturas de la escuela francesa son naturalmente las más numerosas de toda la pinacoteca.
Entre las obras maestras destaca, la *Piedad de Villeneuve-lès-Avignon,* atribuida a Enguerrand Quarton, obra maestra del gótico internacional; entre los retratos destacan el del *Rey Jean le*

Escuela de Fontainebleau: Gabrielle d'Estrées y la duquesa de Villars.

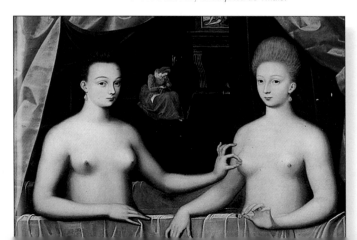

Jacques-Louis David: El Juramento de los Horacios.

Bon, anónimo de 1360 aproximadamente y el espléndido *Retrato de Carlos VII,* el «très victorieux» realizado hacia 1444 por Jean Fouquet. El siglo XVI se refleja en el espléndido arte de Jean y François Clouet (este último pintor de corte de 1540) y por la Escuela de Fontainebleau, de la que es un refinado ejemplo el cuadro que representa *Gabrielle d'Estrées y la Duquesa de Villars,* son también interesantes las obras de los hermanos Le Nain, Antoine, Louis y Mathieu: Louis es considerado el mejor, lejos de la fastuosidad de la Corte, especializado en retratar escenas rústicas como la *Familia de campesinos* pintada hacia 1643; de notable interés es la personalidad de Georges de la Tour, que en el *S. José carpintero* o en la *Magdalena con la lámpara de aceite* deja ver la influencia caravagesca después de su viaje a Roma. La lección romana es evidente también en Nicolás Poussin, con los *Pastores de Arcadia y* el *Rapto de las Sabinas* y en Claude Lorrain, en el *Puerto de mar* y sobre todo en el *Campo Vaccino en Roma* lleno de la luz dorada típica del atardecer en el Foro Romano. Perfectamente de acuerdo con los ideales giansenistas condividios por Philippe de Champaigne, es el *Ex-voto* que el pintor pintó entre el 22 de enero y el 15 de junio 1662 para agradecer a Dios la milagrosa cura de su hija de la parálisis. En contraste con la serenidad y el misticismo propios de esta composición se nos presenta la opulencia del *Canciller Séguier,* pintado por Charles Le Brun que se inspiró claramente en los modelos italianos del siglo XVI.

La expresión más alta del Rococó es Antoine Watteau, de él recordamos: *Embarque hacia Citera* obra muy discutida por su difícil interpretación, y el luminoso *Gilles,* realizado hacia 1717 o 1719. El triunfo del Rococò francés lo debemos de todas formas a la personalidad de François Boucher, con sus frecuentes representaciones de Venus sobrenominadas las «Venus de boudoir» (recordamos el *Descanso de Diana después del baño) y* de Jean-Honoré Fragonard, discípulo del anterior, sensual en el color y lleno en las formas *(Las bañistas).* Se impone después, de acuerdo con el entusiasmo y la admiración por la antigüedad el neoclasicismo de Jacques-Louis David: el *Juramento de los Horacios,* auténtico cartel del nuevo credo pictórico, el *Retrato de Madame Récamier,* de gran pureza y aguda introspección psicológica, la *Coronación de Napoleón I,* enorme tela de 54 metros cuadrados, que consagrará definitivamente a su autor como primer pintor del nuevo Imperio. No obstante la fuerte influencia del siglo XVII ya el *Rapto de Psique* de Pierre-Paul Prud'hon preanuncia los temas del romanticismo. Este llegará a su apogeo con Théodore Géricault que, inspirándose a un célebre suceso (el naufragio de una fragata francesa que en 1816 llevaba colonos al Senegal) en 1819 pintó la *Balza de la Medusa,* en la que la composición en diagonal es sólo un amasijo y enredo de cuerpos desarticulados con expresiones alucinantes y dramáticas. Junto a la obra de

Théodore Géricault: La Balza de la Medusa.

Géricault hay que colocar la del otro gran romántico Eugène Delacroix, de él, el museo conserva telas de gran importancia como la *Libertad que conduce al pueblo,* auténtico y célebre cartel de propaganda política; o la *Muerte de Sardanapalo,* que deja ver en los colores de la tela el recuerdo de su larga estancia en España y Marruecos, o la *Conquista de Jerusalén por parte de los Cruzados* y las *Mujeres de Argel.* A estas dos personalidades se oponen por contraste, la de Jean-Auguste Ingres, que al color de los anteriores opone al pureza de la línea sutil y sinuosa y el refinado de la curva: es suficiente observar la *Gran Odalisca* o el *Baño turco,* este último inspirándose en la descripción de un harén, de las cartas de Lady Montague. De otro pintor, Camille Corot, el Louvre posee más de 130 telas. Su *Mujer con perla* pintada en 1868 en la misma posición de La Gioconda, es el prototipo de toda su retratística.

Eugène Delacroix: La Libertad que conduce al Pueblo.

ESCUELA ITALIANA

De todas las escuelas extranjeras expuestas en el Louvre, sin duda alguna la italiana es la mejor representada, con auténticas obras de arte. La primera pintura florentina se halla representada con la solemne *Virgen en el trono y ángeles* de Cimabue, en la que perdura la inspiración de las formas tradicionales de la pintura bizantina, y con *San Francisco recibe los estigmas* de Giotto. El quattrocento italiano queda representado con la *Coronación de la Virgen* de Fra Angélico; con un episodio de la *Batalla de San Román* de Pablo Uccello; el *Retrato de una princesa de la Casa de Este,* purísima obra de Pisanello; y obras de Antonello da Messina (El *Condotiero*) y de Andrea Mantegna (un monumental *San Sebastián* y una geométrica *Crucifixión*). El genio de Leonardo brilla en el Louvre con tres de sus más bellas obras, célebres en todo el mundo: *S. Ana con la Virgen,* el *Niño y el cordero* realizado entre 1506 y el 1510 para el altar mayor de la iglesia de los «Serviti» en Florencia; la *Virgen de las Rocas,* obra misteriosa construida con gran sabiduría; *La Gioconda,* pintada entre 1503 y 1505,

obra que Leonardo amaba de forma particular y se la llevaba siempre consigo mismo. Durante su estancia en Francia él mismo o Melzi la vendieron a Francisco I, prototipo de la retratística renacentista, adquirió aun más fama cuando, en 1911, fue robada del Salón Carré y después de dos años encontrada en Florencia. De otros italianos «grandes» recordaremos la *Bella jardinera* y el *Retrato de Baldassarre Castiglione* de Rafael, *Mujer en el tocador,* el *Concierto campestre* y la *Deposición de Cristo en el sepulcro* todos de Tiziano; las *Bodas de Cana* de Veronese, una gran tela

Cimabue: Virgen en el trono y ángeles.

Leonardo da Vinci: Virgen de las Rocas.

donde el pintor introduce bajo una arquitectura típicamente palladiana, más de cien personajes. También se hallan presentes los Carracci, con *La Caza* y *La Pesca;* Caravaggio con la *Muerte de la Virgen,* de gran realismo y Francesco Guardi, con una serie de cuadros en honor de Alvise Mocenigo.

ESCUELA FLAMENCA Y HOLANDESA

Se hallan expuestas en el Louvre algunas de las obras más representativas de esta escuela como son la *Virgen de Autun* de Jan van Eyck, llamada también la Virgen del Canciller Rolin, revolucionaria por la apertura paisajista detrás de los dos personajes principales. Además del *Tríptico Braque,* de Rogier van der Weyden, merecen atención el *Retrato de anciana* que Hans Memling ejecutó entre 1470-75; el *Banquero y su mujer,* típico cuadro de tema realizado por Quentin Metsys en 1514, los *Lisiados* de Pieter Bruegel el Viejo, un óleo sobre tabla de dimensiones pequeñas (18 por 21) de gran emoción. En el grupo de los cinco infelices se puede ver de todo: la alegoría de las distintas clases sociales, el símbolo de los pecados de la humanidad, la representación de los revoltosos de los «gueus» de los Países Bajos contra el gobierno español de Felipe II. La escuela flamenca del siglo XVII gira alrededor de la personalidad de Peter-Paul Rubens, de él se pueden ver 21 majestuosas telas sobre la *Vida de María de Médicis,* el delicado *Retrato de su mujer Hélène Fourment,* la vertiginosa *Kermesse,* donde funde admirablemente la experiencia colorista de los vénetos con la tradi-

Pisanello: Retrato de una princesa de la Casa de Este.

Jan van Eyck: La Virgen del Canciller Rolin.

ción flamenca de los bailes al aire libre. El siglo XVII está representado de la misma manera por el «pintor del rey» Antonise van Dyck, suyo es un *Retrato de Carlos I* que, por su absorta introspección psicológica inaugurará y será el prototipo en Inglaterra de una tradición que dejará profundas raíces. La escuela holandesa se halla también presente con grandes maestros: Hieronymus Bosch con la *Nave de los locos;* Lucas de Leyda, Frans Hals que en la *Bohemia* revela frecuentes contactos con el caravagismo nórdico; Johannes Vermeer, que nos transporta en la intimidad de las casas burguesas con la *Tejedora de encajes* (realizada entre 1664 y 1665) la perfecta armonía entre luces, volúmenes y colores transfiguran el carácter de simplicidad para elevarlo a las más altas esferas de los valores absolutos. Y Por fin, la gloriosa y numerosa colección de las obras de Rembrandt, sobre todo retratos y autorretratos. Importante el *Autorretrato* realizado en 1660, la *Betsabea y* la *Cena en Emaus,* en el que el artista, en su plena madurez, alcanza efectos altamente dramáticos y místicos.

Aunque si más modesta, la **colección alemana** está representada con grandes obras, el *Autorretrato* de Dürer, la *Venus* de Cranach y el *Retrato de Erasmo* pintado en 1523 por Hans Holbein el joven, también suyo el *Retrato de Ana de Clèves* y el de *Nikolaus Kratzer.*

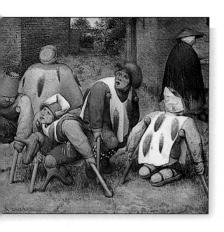

Pieter Bruegel el Viejo: Los Lisiados

ESCUELA INGLESA

Inglaterra se halla presente en el Louvre con grandes retratistas del siglo XVIII, entre ellos Joshua Reynolds con su delicado y célebre *Master Hare y* con Thomas Lawrence con los *Retratos de Julius Angerstein y su esposa.* El siglo XIX en cambio está representado por los paisajes de amplio respiro de Richard Parkes Bonington *(Espejo de agua en Versalles),* de John Constable *(La Bahia de Weymouth) y* de Joseph Turner *(El mar en Margate).*

ESCUELA ESPAÑOLA

Presente con numerosas obras de prestigio, la escuela española se distingue sobre todo por la gran tela de la *Crucifixión* del Greco; *Santa Apolonia y Muerte de San Buenaventura* de Zurbarán; *Joven mendigo y* la *Cocina de los ángeles* de Murillo; la *Infanta Margarita y* la *Reina Mariana* de Diego Velázquez y para terminar numerosos retratos de Goya, entre los que destaca la *Dama del abanico y* sobre todo el *Retrato de la Condesa del Carpio,* una de sus obras maestras realizado hacia 1794 donde el negro aterciopelado de la falda larga contrasta con las preciosas puntillas blancas de la mantilla y el lazo rosa grande, puestos en realce por pocos y sabios toques de luz.

ESCULTURAS

Por lo que concierne a la escultura, se puede decir que el Louvre actualmente, ofrece el panorama más completo de la historia de la escultura desde sus origines casi hasta nuestros días. A partir de las primeras esculturas románicas todavía profundamente unidas a una función arquitectónica, como los capiteles decorados, para llegar a los primeros conceptos de escultura, así como hoy estamos habituados a juzgar; desde donde se llega a la riqueza del gótico con esculturas provenientes de Chartres, Bourges y Reims (en particular la *estatua funeraria de María de Borbón),* la *tumba de Philippe Pot,* del último cuarto del siglo XV ejecutada por Antoine le Moiturier para la Abadía de Citeaux. El Renacimiento está documentado por las obras de dos grandes escultores: Jean Goujon y Germain Pilon. Del primero recordaremos los relieves realizados para la *Fuente de los Inocentes* y la *Deposición de la Cruz con cuatro Evangelistas,* del segundo, el delicado grupo de las *Tres Gracias* y la *estatua del Cardenal de Birague arrodillado.* Los siglos XVII y XVIII se hallan presentes con obras de Pierre Puget, cuyo *Milone de Crotone* expresa todo el genio dramático del autor; de Simon Guillain, con las *estatuas de bronce de Ana de Austria, Luis XIII* y *Luis XIV joven,* realizadas para el monumento del Pont-au-Change de Antoine Coysevox, con las *estatuas del Sena* y el vigoroso *busto de Luis II de Borbón;* de Falconet (con una delicada *Bañista) y* de Jean-Antoine Houdon cuyo arte se dilata desde un sutil bronce de *Diana* a las terracotas en las que modela el *busto de Benjamin Franklin* y el de *Louise Brongniart joven.* Sin olvidar el famoso *grupo de Amor y Psique,* esculpido por Canova en 1793, con el que contrasta el alegre grupo de la *Danza* de Jean-Baptiste Carpeaux (1869). La escultura italiana se halla presente con obras de Nino Pisano, los Della Robbia, Agostino di Duccio, Benedetto da Maiano *(busto de Filippo Strozzi),* Jacopo della Quercia *(Virgen con el Niño) y* por Desiderio de Settignano. Entre las grandes obras maestras, el *Esclavo rebelde,* y el *Esclavo en agonía* de Miguel-Angel, realizados entre 1513 y 1515 para la tumba de Julio II, el *Mercurio* de Giambologna y la *Ninfa de Fontainebleau* de Benvenuto Cellini.

Una prisión de Miguel-Angel y un Amorcillo con arco de Edme Bouchardon.

49

OBJETOS DE ARTE

Este es un sector de gran importancia no sólo desde el punto de vista artístico sino desde el histórico. Se hallan coleccionados los objetos más dispares, desde los muebles a los tapices, desde las joyas a los bronces y desde las miniaturas a las porcelanas. La Galería Apolo, con la bóveda pintada por Le Brun, contiene los Tesoros Reales. Notables son la *corona de San Luis,* la *corona de Luis XV* y la de *Napoleón I,* el *broche-relicario* realizado para la emperatriz Eugenia en 1855; el *diamante Hortensia,* de 20 quilates, el *diamante Sancy,* de 55 quilates, y el espléndido *Regente,* de 136 quilates, enviado desde Madras a Inglaterra en 1702 por Thomas Pitt y adquirido por la corona de Francia en 1717 por el Duque de Orleans; y algunas piezas del *tesoro S. Denis* y del *tesoro de la Orden de St. Espiritu* fundada por Enrique III en 1578.

A lo largo de las Salas de la Columnata, se puede ver la reconstrucción de la Sala del Consejo del Palacio de Vincennes; techo, revestimientos y puertas procedentes de la cámara de Ceremonia del rey en el Louvre; el *tríptico Harbaville* de marfil, de mediados del siglo X; el *brazo-relicario de S. Luis de Tolosa,* de cristal y plata dorada, tapices con las *Cazas de Maximiliano,* tejidos de Bruselas de un diseño de Van Orley del 1535 y el tapiz con el *Martirio de S. Mamete,* dibujado por Jean Cousin y tejido por Pierre Blassé y Jacques Langlois; y en las salas del mariscal Effiat, los tapices Gobelins con las *Historias de Escipión,* de Julio Romano; los muebles del famoso ebanista Andre-Charles Boulle; la hermosa y única colección de tabaqueras, cajas, bomboneras y relojes de los siglos XVII y XVIII, cincelados, decorados con esmaltes incrustados de piedras preciosas y miniaturas; el *escritorio del rey* de J. F. Oeben; el Gabinete Chino con la serie de paneles chinos en papel pintado de finales del siglo XVIII; el *nécessaire* de viaje de Antonieta, realizado en París en 1787-88; el *trono de Napoleón I,* realizado en 1804 y la *cuna del rey de Roma* de 1811 de un diseño de Proud'hon, la colección de Adolfo de Rothschild con un bajorrelieve de Agustin de Duccio que representa la *Virgen con el Niño y Ángeles;* la colección Camondo, la colección Schlichting y la de Thiers, con porcelanas del siglo XVIII, lacas japonesas y jades chinos.

La Bañista de Étienne-Maurice Falconet y el célebre Marfil Barberini (de Costantinopla, finales del siglo V-principios del VI).

El Arco de Triunfo del Carrousel.

PLACE DU CARROUSEL - Este jardín ocupa el lugar donde se levantaba el palacio de las Tullerías, destruido por un incendio en 1871. Del fastuoso palacio no queda hoy más que el portal de entrada. En 1964-1965 se construyó aquí una especie de museo al aire libre lleno de esculturas entre las que son dignas de mención las de Aristides Maillol como *La Nuit* o *La Femme couchée.*

ARCO DEL CARROUSEL - Se levantó siguiendo el diseño de Pierre-François Fontaine y de Charles Percier entre 1806 y 1808 para celebrar las victorias de Napoleón Bonaparte de 1805. Es una repetición del arco de Septimio Severo de Roma por su concepción arquitectónica y su decoración plástica. Columnas de mármol blanco y rosado encuadran las tres cornisas y cada cara está llena de bajorrelieves que evocan las victorias imperiales. En su parte superior se colocaron los cuatro caballos dorados que Napoleón había mandado traer de la basílica veneciana de San Marcos (a la que fueron devueltos en 1815). Se sustituyeron por copias a las que se agregó una cuadriga con la *estatua de la Paz.*

3° Itinerario

Del Palais Royal
al Elíseo

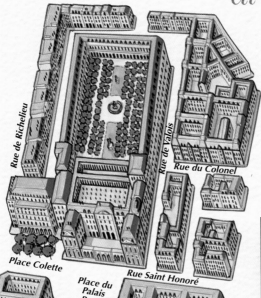

Rue de Richelieu

Rue de Valois

Rue du Colonel

Place Colette

Place du
Palais
Royal

Rue Saint Honoré

La fachada de la iglesia de St-Germain-l'Auxerrois.

ST-GERMAIN-L'AUXERROIS

Llamada también «La Grande Paroisse» o sea la gran parroquia como capilla real del Louvre en el siglo XVI. La iglesia actual se levanta en el lugar de un preexistente santuario de época merovingia. Su construcción se inició en el siglo XII y finalizó en el XVI. En la fachada se abre un profundo pórtico (1435-1439) de estilo gótico con cinco arcadas diferentes cuyas columnas divisorias están enriquecidas por estatuas. En lo alto está el rosetón coronado por una cúspide junto a la torre campanario (siglo XI).

Interior. Es bastante sugestivo; cinco naves sostenidas por columnas con transepto y coro. La iglesia está llena de obras de arte. Cabe destacar el gran **estrado real** de madera tallada por F. Mercier en 1682. La estatua que representa a *San Germán* es de madera policromada mientras que la de *San Vicente* es de piedra, ambas del siglo XV.
Un *frontal flamenco* de madera esculpida reproduce escenas de la vida de Jesús. En el transepto se admiran los vitrales de fines del siglo XV.

RUE DE RIVOLI - Corre paralela al Sena y a la place de la Concorde llega hasta la place de la Bastille. Debe su nombre a la victoria de Napoleón contra Austria en Rivoli (1797).
Un lado de la calle está flanqueado por elegantes pórticos que actualmente acogen grandes hoteles como el Meurice en el n. 228, o famosas tiendas como la primera librería inglesa de la ciudad, la librería Galignani, inaugurada en 1800

PLACE DES PYRAMIDES - Esta pequeña plaza se abre enfrente del pabellón de Marsan; en el centro se alza la *estatua ecuestre de Juana de Arco* (Frémiet, 1874) meta, cada 12 de mayo, de peregrinajes.

UNION CENTRALE DES ARTS DÉCORATIFS - En el N. 107 de la rue de Rivoli encontramos la UCAD (Unión Centrale des Arts Décoratifs) donde tienen sede tres importantes colecciones; el **Musée des Arts Décoratifs**, el **Musée de la Mode et du Textile** y el reciente **Musée de la Publicité.**

El primero posee más de 140.000 sujetos con colecciones que van desde la Edad Media hasta nuestros días y cuyas piezas principales son palas de altar esculpidas y pintadas, tapices, esculturas. Además, cabe destacar la colección Art Nouveau y Art Déco y la colección de arte islámico.

El Musée de la Mode et du Textile posee más de 125.000 piezas, entre vestidos y accesorios enriquecidos recientemente por ricas donaciones de coleccionistas particulares, casas de moda y diseñadores. Cada año el museo propone una nueva presentación temática con una escenografía original.

Para terminar, el Musée de la Publicité, colocado en una estructura diseñada por Jean Nouvel, primer museo en el mundo de su género. Sus colecciones abarcan toda el área de la publicidad: 50.000 posters desde mediados del siglo XVIII hasta la segunda guerra mundial (con obras de Toulouse-Lautrec, Mucha, Bonnard, Beardsley, Utrillo, Klimt etc.) y otros 50.000 desde 1950 hasta hoy; ejemplos de publicidad cinematográfica, televisiva y radiofónica desde 1930 hasta hoy; miles de anuncios tomados de revistas y periódicos franceses y extranjeros, centenares de jingle radiofónicos. Para terminar, un sistema informático multimedial situado en la llamada "Plaza", diseñados como un espacio interactivo, natural extensión del museo.

Estatua ecuestre de Juana de Arco en la place des Pyramides.

La doble columnata del patio de honor del Palais Royal. Las esferas de acero de las pilas son de Pol Bury.

PALAIS ROYAL

Construido por Lemercier entre 1624 y 1645, este palacio fue originalmente residencia del cardenal Richelieu quien a su muerte (1642) lo donó a Luis XIII. Hoy es sede del Consejo de Estado, de la Corte Constitucional y del Ministerio de Cultura. Tiene la fachada con columnas levantadas en 1774 y un pequeño patio desde el cual, entre una doble columnata, se llega al bellísimo y famoso jardín. Fue ideado por Victor Louis en 1781. Alcanza los 225 metros de extensión. Lo rodean tres alas de robustas columnas y en la galería que lo circunda se ubican curiosos negocios de antigüedades y libros raros. Durante la Revolución fue un cenáculo; de hecho, se reunían allí para discutir los patricios antimonárquicos como el duque de Orleans que se llamó más tarde Felipe Egalité.

PLACE DES VICTOIRES - De forma circular, la plaza nació en 1685 para circundar la estatua alegórica de Luis XIV que el duque de la Feuillade había encomendado a Desjardins. Destruida durante la Revolución fue sustituida por otra (de Bosio) en 1822. En los edificios de la plaza, creada bajo la dirección de Jules Hardouin-Mansart, vivieron importantes personajes: el mismo duque de la Feuillade ocupaba los números 2 y 4 y en el 3 vivió el financiero Crozat.

NOTRE-DAME-DES-VICTOIRES - La iglesia pertenecía a un convento de los agustinos descalzos; la piedra fundamental fue puesta por Luis XIII en 1629 pero se terminó en 1740. Desde 1836 se realizan importantes peregrinajes a la Virgen. La iglesia contiene en su interior más de 30.000 ex votos.
El **interior** consta de una sola nave con capillas laterales que se comunican entre si. En la capilla de la izquierda se levanta el **Cenotafio** del músico florentino Lulli, muerto en 1687. En el co-

La estatua ecuestre de Luis XIV en la place des Victoires.

ro, con tallas en madera del siglo XVII se admiran siete telas de Van Loo sobre escenas de la vida de San Agustín y Luis XIII que dedica la iglesia a la Virgen.

BIBLIOTECA NACIONAL - La entrada principal se encuentra en el número 58 de la rue de Richelieu (frente al square Louvois, con una bella fuente de Visconti realizada en 1844).

Por la entrada se va directamente al patio de honor, obra de Robert de Cotte (siglo XVIII). De aquí hacia la derecha se pasa al vestíbulo donde se exponen los libros más hermoso del depósito legal de la Biblioteca. En el fondo está la **Galerie Mansart** donde se realizan frecuentemente importantes exposiciones; enfrente está el Salón de Honor con el original del busto de Voltaire esculpido por Houdon. Por una escalinata monumental se asciende al primer piso donde se encuentra la suntuosa **Galerie Mazarine,** obra de Mansart, con pinturas de G.F. Romanelli.

Desde 1996 casi la totalidad de los libros han sido trasladados a la nuevísima Bibliothèque Nationale de France, en el barrio de Tolbiac. Aquí quedan los manuscritos y las ediciones más valiosas y más raras, entre los que destacan la Biblia de Gutenberg, los manuscritos originales de Victor Hugo y de Marcel Proust, miniaturas importantísimas como el Evangeliario de Carlo Magno, la Biblia de Carlo el Calvo, el Salterio de San Luis, las Riches Heures del Duque de Berry. Además, en la Biblioteca también encontramos el Gabinete de las Medallas y de las Antigüedades, con monedas y medallas de todos los tiempos, los Tesoros de St. Denis y de la Sainte-Chapelle.

Luis XIV (1643-1715), el Rey Sol

A la muerte de Mazzarino, en 1661, Luis declara que gobernará solo y él mismo será primer ministro. Desdeña París e inicia a construir en Versalles un suntuoso palacio donde los soberanos de Francia vivirán hasta 1789. En Versalles intervendrá personalmente durante las obras, imponiendo su gusto y sus ideas: con Mansart y Le vau para el proyecto general del palacio, con Le Brun para las decoraciones interiores, con Le Nôtre para los jardines.

Se cuenta que en el lecho de muerte dijo que que habáa amado demasiado la guerra y los edificios.

PLACE DU THÉÂTRE FRANÇAIS - Esta alegre plaza se abre en el nacimiento de la avenue de l'Opéra. Aquí se halla el más importante teatro de prosa francesa, la Comédie Française, instituida en 1680 con la fusión del grupo de actores de Molière con los del Hôtel de Bourgogne. La compañía fue dotada en 1812 de un estatuto especial (el «décret de Moscou») otorgado por Napoleón I. El repertorio de la Comédie abarca desde los autores clásicos (Molière ante todo y después Racine, Corneille etc.) a los modernos franceses (Claudel y Anouihl) y extranjeros (Pirandello). El edificio fue levantado por Victor

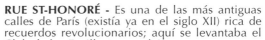

Louis en 1786-1790 y la fachada por Chabrol en 1850. En el vestíbulo o en el salón íntimo se pueden admirar las *estatuas* de los grandes artistas del teatro: las de *Voltaire* y *Molière* (obras de Houdon), la de *Victor Hugo* (de Dalou), la de *Dumas* (de Carpeaux) y otros. Se puede ver también el sillón en el que el 17 de febrero de 1673 cayó Molière mientras recitaba *su "Malade Imaginaire".*

RUE ST-HONORÉ - Es una de las más antiguas calles de París (existía ya en el siglo XII) rica de recuerdos revolucionarios; aquí se levantaba el Club de los Feuillants y no lejos de éste, el Club de los Jacobinos, dirigido por Robespierre. La calle era además el itinerario de las carretas que conducían a los condenados a muerte desde la cárcel de la Conciergerie a la guillotina en place de la Concorde.

IGLESIA DE ST-ROCH - Se halla cerca de la rue St-Honoré y es extremadamente interesante por las obras de arte que contiene. Se inició su construcción en 1653 bajo Luis XIV y se terminó un siglo más tarde; en 1736 Robert de Cotte realizó la fachada. **Interior.** De un suntuoso estilo barroco, tres naves con capillas laterales, transepto y coro con deambulatorio en capillas radiales; detrás del coro existe una capilla redonda, la **Capilla de la Virgen,** con nave anular y ábside semicircular (de Hardouin-Mansart); detrás de ella está la capilla rectangular denominada **Capilla del Calvario.** En las capillas de la iglesia descansan los restos de Corneille, Diderot y Le Nôtre.

Una fuente en place André Malraux.

La estatua que representa a Molière.

Fachada de la iglesia de St-Roch.

La place Vendôme en una vista nocturna y tal como era a principios del siglo XX.

PLACE VENDÔME

Amplio conjunto arquitectónico de tiempos de Luis XIV, se llama así porque aquí estaba la casa del duque de Vendôme. Construida entre 1687 y 1710 para circundar la estatua ecuestre de Girardon dedicada a Luis XIV y destruida durante la Revolución. De forma octogonal, simple y austera, está rodeada por palacios que se abren en grandes arcadas en el plano inferior y movidos por arimeces emergentes y coronados en el techo por numerosas y características lumbreras. En el número 15 está el famoso Hôtel Ritz y en el 12, la casa donde murió Chopin en 1849. En el centro se levanta la famosa **columna** erigida por Gonduin y Lepère entre 1806 y 1810 en homenaje a Napoleón I. Inspirada en la columna Trajana de Roma mide 43,50 metros de altura y su fusto está recubierto por una serie de bajorrelieves de bronce en espiral fundidos con los 1.200 cañones tomados en Austerlitz. En la cúspide de la columna Chaudet levantó una estatua de Napoleón en hábito y actitud cesáreos, destruida en 1814 y reemplazada por la de Enrique IV. Se la repuso en 1863 pero esta vez representado como Petit Caporal y ocho años más tarde, durante la Comuna, la estatua fue nuevamente abatida para ser definitivamente sustituida tres años después por una copia de la original de Chaudet.

De Place Vendôme se pasa ahora a la **Rue de la**

Paix, llamada anteriormente rue de Napoleón. Es actualmente una de las calles más bellas de la ciudad rodeada por famosas y lujosas tiendas; en el número 13 está la famosa joyería Cartier. En su extremo a la derecha encontramos la **Avenue de l'O-péra** que fue inaugurada durante el segundo imperio.

Place Vendôme, el salón de París

Desde la época del Segundo Imperio place Vendôme es sinónimo de lujo, de vanidad y ¿por qué no? - de magia.

La llamada de los escaparates de sus joyeros famosos en todo el mundo es irresistible, darle la vuelta a la plaza se ha convertido en una obligación y ha adquirido casi la connotación de un rito. Las puertas de las diferentes "maison" se abren con refinados interiores donde los terciopelos y las boiseires son el discreto marco para las compras.

Ya en 1700 Chaumet creaba joyas para las cortes europeas; suyo es el aderezo de rubíes y diamantes que su fundador Marie-Étienne Nitot realizó para la boda de Napoleón I y María Luisa de Austria, suya es la tiara realizada con las joyas de la corona que el emperador francés regaló a Pío VII. La colección de las diademas reales está expuesta en el singular museo del Hôtel Saint James, donde está también la boutique.

Desde 1946 también se asoman sobre la place Vendôme los escaparates de Mauboussin, que entre sus "piezas" más famosas destaca el brazalete con esmeraldas cabochon que Charlie Chaplin regaló a Paulette Goddard (por haber sido excluida del cast de "Lo que el viento se llevó"); y los escaparates de Mikimoto, con sus rarísimas perlas negras y los de los italianos Bulgari y Buccellati. A unos diez años de distancia entre si (en 1893 y 1906 respectivamente) abrieron en la plaza la maison de Boucheron y de Van Cleef & Arpels, que introducen en el campo de la joyería extraordinarias innovaciones y nuevas técnicas.

Nos paramos delante del elegante escaparate del italiano Repossi y del ruso Alexandre Reza, con su gusto por las piedras de gran aquilatación, antes de tomar la rue de la Paix, el reino de Cartier, el joyero más conocido en el mundo, él que el soberano inglés Eduardo VII había definido como "joyero de los reyes, rey de los joyeros".

Pero no se puede dejar la plaza sin echarle un vistazo al Hôtel Ritz, que en sus cien años de vida a muchos acontecimientos de la historia de París. Fue creado en 1898 por el suizo César Ritz quien afirmó querer ofrecer a la clientela un hotel con "todos los refinamientos que un príncipe quisiera para su propia demora". Y de esta forma, transformó el palacio del Duque de Lauzun situado en el N. 15 de la place Vendôme, en lo que más adelante se convertiría en uno de los primeros hoteles del mundo. O por lo menos en el más famoso. Sus huéspedes han sido escritores y políticos, divos del cine y soberanos, intelectuales y príncipes árabes, magnates de la industria y reyes de las finanzas.

Marcel Proust escribió parte de su *Estudio*; a los duques de Windsor se les reservó una suite "de cuento de hadas"; Coco Chanel, que vivió en un apartamento durante 35 años, quizás se inspiró en la mágica forma de la plaza para el cuadrante de su célebre reloj *Première*.

La suntuosa fachada del Teatro de la Opéra por la noche.

OPÉRA

Es el más grande teatro lírico del mundo (11.000 metros cuadrados de superficie, capacidad para 2.000 personas y 450 personajes en escena). Construido siguiendo el proyecto de Garnier entre 1862 y 1875 es el monumento más típico de la época de Napoleón III. Una amplia escalinata conduce a la primera de las dos plantas en que está dividida la fachada con grandes arcadas y robustas columnas delante de las cuales hay numerosos grupos marmóreos. El más hermoso es el de la segunda columna de la derecha: La *Danse* de Jean-Baptiste Carpeaux. La segunda planta está constituida por altas columnas pareadas que enmarcan las grandes ventanas; en la parte superior un ático fastuosamente decorado sobre el que se apoya una cúpula de escasa curvatura. El **interior** es igualmente lujoso: una amplia escalinata enriquecida por mármoles preciosos con su bóveda decorada con pinturas de Isidore Pils y la sala ostenta una grande pintura al fresco de Marc Chagall (1966).

Desde el teatro de la Opéra nace también el **Boulevard des Capucines,** llamado de esta forma porque en él existía un convento de hermanas capuchinas. En el número 28 está el **Olympia,** famoso music hall; en el 14 un epígrafe recuerda que el 28 de diciembre de 1895 los hermanos Lumière proyectaron una película en público por primera vez. Frente al actual Ministerio de Asuntos Exteriores, en 1842, sobre la acera se abatió Stendhal atacado de apoplejía.

La clásica fachada de la Madeleine.

LA MADELEINE

Napoleón quiso un monumento en honor de la Grande Armée construido siguiendo el modelo de la Maison Carrée en Nîmes. Para ello mandó derribar totalmente una construcción anterior nunca terminada y confió los trabajos al arquitecto Vignon en 1806. Transformada en iglesia en 1814 fue dedicada a Santa María Magdalena. Tiene forma y estructura de un templo griego clásico; un amplio basamento con escalinata y una columnata de 52 columnas de 20 metros de altura El frontón tiene un gran friso esculpido por Lemaire en 1834 que representa el *Juicio Universal*.

Interior. Consta de una sola nave, en el vestíbulo se levantan dos grupos escultóricos de Pradier y Rude. Sobre el altar mayor, una obra de Marochetti (*Asunción de la Magdalena*).

Pierre-Antoine Demachy: el interior de la Madeleine en el proyecto de Constant d'Ivry.

Delante de la Magdalena se abre la hermosa perspectiva de la **Rue Royale** cerrada al fondo por la mole simétrica del Palais Bourbon. La rue Royale abierta en 1732 es corta pero bastante lujosa.

En el N. 3 encontramos el célebre restaurante Maxim's, con su decoración Art Nouveau; en el N. 11 los cristales de Lalique; en el N. 12 las platas de Christofle y en el N. 16, para los más golosos, la famosa pastelería Ladurée.

La rue Royale se cruza hacia la mitad con otra importante arteria: la **Rue du Faubourg St Honoré** de la que la emperatriz Eugenia, supersticiosa, había mandado suprimir el número 13. Esta calle se ha convertido casi en sinónimo de elegancia y de moda, de hecho, aquí están las tiendas de perfumería, joyería y ropao más famosas del mundo. Algún nombre: Saint-Laurent, Hermès, Cardin, Lancôme, Carita, Lanvin.

La rue Royale a principios del siglo XX.

Un lado del palacio del Elíseo da a la rue du Faubourg St Honoré.

PALACIO DEL ELÍSEO

Es la residencia del Presidente de la República. Fue construido en 1718 por Mollet para el conde d'Evreux, yerno del financiero Crozat. Pasó a ser propiedad pública durante la Revolución; fue habitado por Carolina Bonaparte y luego por la emperatriz Josefina. El 22 de junio de 1815 Napoleón firmó ahí su abdicación. Desde 1873 el Elíseo es la residencia oficial de los varios presidentes de la República francesa.

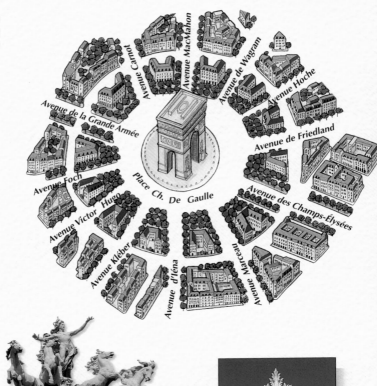

Avenue Carnot
Avenue MacMahon
Avenue de Wagram
Avenue Hoche
Avenue de la Grande Armée
Avenue de Friedland
Place Ch. De Gaulle
Avenue Foch
Avenue des Champs-Élysées
Avenue Victor Hugo
Avenue Kléber
Avenue d'Iéna
Avenue Marceau

4° Itinerario

4º Itinerario
Place de la Concorde
y Champs-Élysées

PLACE DE LA CONCORDE

Surgida entre 1757 y 1779 siguiendo el proyecto de Jacques-Ange Gabriel estaba dedicada al principio a Luis XV cuya estatua ecuestre, obra de Pigalle y Bouchardon se levantaba en el centro de la plaza, fue abatida durante la Revolución. En su lugar se levantó la guillotina; allí murieron, entre otros, el rey Luis XVI, la reina María Antonieta, Danton, Madame Roland, Robespierre, Saint Just. La plaza adquirió su aspecto actual entre 1836 y 1840 con el reordenamiento debido al arquitecto Hittorf. En el centro se levanta el **obelisco egipcio** procedente del templo de Luxor regalado en 1831 por Mehmet-Ali a Luis Felipe y colocado allí en 1836. Mide

A través de los juegos de agua de la fuente de place de la Concorde se delinean las formas del obelisco y de los majestuosos palacios que cierran la plaza.

La plaza vista desde las verjas que dan a las Tullerías.

23 metros de altura y los jeroglíficos que lo adornan ilustran las gloriosas empresas del faraón Ramsés II. En las esquinas de la plaza se levantan ocho estatuas, símbolos de las principales ciudades francesas. En su costado norte los dos edificios con columnas (obras de Gabriel) son sede actualmente del **Ministerio de la Marina** y del **Hôtel Crillon**.

JARDINES DE LAS TULLERÍAS

- Se extienden aproximadamente un kilómetro entre la place de la Concorde y la place du Carrousel y se entra en ellos a través de una majestuosa verja en cuyas columnas están situadas las **estatuas ecuestres de Mercurio** (a la derecha) y **de la Fama** (a la izquierda) las dos de Coysevox. Desde los jardines, mediante dos tramos de escaleras se sube a las terrazas donde se encuentran la Orangerie (a la derecha) y el Jeu de Paume (a la izquierda), sede de las colecciones de los Impresionistas hasta 1986 que se exponen ahora en el Museo de Orsay. Actualmente en el Museo del Jeu de Paume se organizan exposiciones temporales.

Sugestivos juegos de luz para el obelisco de place de la Concorde.

Una avenida lateral de las Tullerías hacia el Jardín del Carrousel.

El Museo de Orsay visto desde el Sena y la antigua Gare d'Orsay.

Una estatua a la entrada del Museo de Orsay.

© Musée d'Orsay Fond. Urphot

MUSÉE D'ORSAY

El mismo que la prensa ha definido como «El museo más bello de Europa», se encuentra sobre la orilla izquierda del Sena, allí donde en el 1870 surgía el Tribunal de Cuentas, que fue destruido durante la Comuna. En 1898 la compañía ferroviaria Paris-Orléans comisionó al arquitecto Victor Laloux el proyecto de edificación de la nueva estación. Los trabajos fueron muy veloces: duraron apenas dos años. Justo a tiempo para que la Gare d'Orsay estuviese lista para la Exposición Universal de 1900. Laloux había concebido una grandiosa nave central de 135 metros por 40, cuya estructura metálica había sido hábilmente recubierta en el exterior con estucos de color claro. En el interior encontraron sitio no solamente los dieciséis andenes, sino también restaurantes y un elegante hotel con nada menos de 400 habitaciones. Abandonada en el 1939, la Gare d'Orsay declinó lentamente, bajo el espectro de la demolición: a nada valió la recuperación cultural de Orson Welles, que giró en la misma *El Proceso,* o la de Jean-Louis Barrault que estableció su propia compañía. En 1973 el entonces Presidente Pompidou la declaró Monumento Nacional y se ocupó activamente para que se crease allí ese museo que todavía faltaba en París. O sea un museo que pudiese acoger el medio siglo de arte que va desde el Segundo Imperio de Napoleón III a los albores del Cubismo. Un perfecto e ideal nexo de unión entre el Louvre, templo del arte clásico, y el Beaubourg, templo del arte moderno. En 45.000 metros cuadrados abundantes de superficie están expuestas hoy más de 4.000 obras entre pintura, escultura, dibujos y muebles.

El sugestivo interior del Museo.

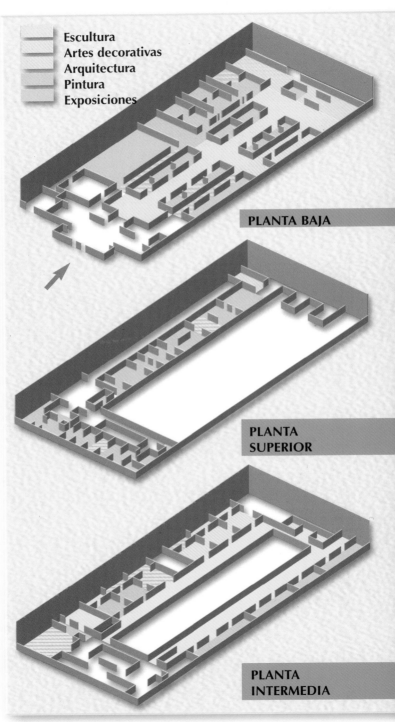

Escultura
Artes decorativas
Arquitectura
Pintura
Exposiciones

PLANTA BAJA

PLANTA
SUPERIOR

PLANTA
INTERMEDIA

70

Toulouse-Lautrec: **La toilette**.

P. Cézanne: **Jugadores de cartas**.

A. Charpentier: **Comedor**.

V. van Gogh: **Autorretrato**.

E. Manet: **Olimpia**.

E. Manet: **La merienda campestre**.

E. Gallé: **Vitrina de las libélulas**.

Vincent van Gogh: La habitación de Van Gogh en Arles.

Paul Cézanne: Manzanas y naranjas.

En la **planta baja** se encuentran la pintura, la escultura y las artes decorativas desde 1850 a 1870, con obras de Ingres, Delacroix, Manet, Puvis de Chavannes, Gustave Moreau; en la **planta superior** se expone la pintura impresionista (Monet, Renoir, Pissarro, Degas, Manet), las colecciones Personnaz, Gachet y Guillaumin, y la pintura post-impresionista, con las obras maestras de Seurat, Signac, Toulouse-Lautrec, Gauguin, Van Gogh y el grupo Nabis (Bonnard, Vuillard, Vallotton); por último, en la **planta intermedia** se expone el arte que va desde 1870 a 1914, con el arte oficial de la III República, el Simbolismo, la pintura académica y las artes decorativas del Art Nouveau, con Guimard, Émile Gallé y la Escuela de Nancy.

Claude Monet: La Catedral de Rouen.

Paul Gauguin: Arearea.

Jean-Auguste Ingres:
El Manantial.

Paul Gauguin: máscara de madera
esculpida.

Auguste Renoir: Baile en el Moulin
de la Galette.

Georges Stein: Arco de Triunfo.

En la página de enfrente: la cara del Arco hacia los Campos Elíseos con el bajorrelieve de la Marsellesa a la derecha.

CHAMPS-ÉLYSÉES

En su origen esta vasta zona era palúdica. Una vez saneada Le Nôtre creó en 1667 una gran avenida llamada al principio Grand-Cours (el nombre actual data de 1709). De las Tullerías llegaba a la Place de l'Étoile, hoy Place de Gaulle. En el nacimiento de la calle se encuentran los célebres **Caballos de Marly** de Guillermo Coustou. Desde aquí hasta el Rond-Point de los Champs-Élysées, la avenida está flanqueada por una zona parque. A la derecha se halla el **Théâtre des Ambassadeurs-Espace Pierre Cardin,** a la izquierda el **restaurante Ledoyen** de la época de Luis XVI. En la **place Clemenceau** está la estatua de bronce del famoso político que condujo a Francia a la victoria de 1918. Desde aquí se abre la espléndida perspectiva de la **Avenue Churchill,** con el puente Alejandro III y los Inválidos que clausuran el fondo. A los lados de la avenida Churchill, se encuentran el Grand Palais y el Petit Palais, ambos de grandiosas proporciones, caracterizados por amplias columnatas, frisos y composiciones escultóricas realizados en ocasión de la Exposición Universal realizada en París en 1900.

Vista nocturna de los Campos Elíseos y del Arco de Triunfo.

ROND-POINT des Champs-Élysées - Se abre al final de la zona del parque de los Champs-Élysées; es un importante cruce de 140 metros de diámetro, diseñado por Le Nôtre. A la derecha está la sede del diario *Le Figaro*, a la izquierda la del *Jours de France*. De aquí parte la gran arteria (dos aceras de 22 metros cada una y una calzada de 27) flanqueada a uno y otro lado por oficinas de compañías aéreas, bancos, salones de exposición de automóviles.

PLACE DE GAULLE - Antes de la place de l'Étoile, se abre al final de los Champs-Élysées. Es una amplia rotonda arbolada de 120 metros de diámetro desde donde, como si fueran rayos, parten doce arterias (las avenidas de los Champs-Élysées, de Friedland, Hoche, Wagram, Mac Mahon, Carnot, de la Grande Armée, Foch, Victor Hugo, Kléber, Iéna y Marceau).

ARCO DE TRIUNFO

Solo, en medio de la plaza, con su mole majestuosa se levanta el Arco de Triunfo iniciado por Chalgrin en 1806 por voluntad de Napoleón I que quiso dedicarlo a la Grande Armée. Terminado en 1836, es de una sola estructura y supera al propio Arco de Constantino en Roma, en efecto, alcanza una altura de 50 metros y un ancho de 45 metros. Los frentes del arco ostentan bajorrelieves de los cuales el más conocido y hermoso es el de la derecha que mira hacia los Champs-Élysées y representa la partida de los voluntarios en 1792 conocido como *La Marseillaise* (F. Rude). Los bajorrelieves de la parte superior celebran las victorias napoleónicas, mientras que en los escudos esculpidos en el ático aparecen grabados los nombres de sus grandes batallas.

En 1920 fue colocada, debajo del arco, la tumba del Soldado desconocido cuya llama perenne se reaviva cada noche.

GRAND PALAIS - Fue construido por Deglane y Louvet; tiene una fachada de 240 metros de largo y 20 de alto, con columnas jónicas. Actualmente se realizan exposiciones artísticas y muestras de pintura muy importantes. Tiene una parte ocupada por el **Palais de la Découverte** donde se presentan las últimas conquistas de la ciencia y las grandes etapas del progreso.

Vista del Grand Palais.

PETIT PALAIS - Es sede del Museo del Petit Palais, vasta colección de arte antiguo y moderno. Hay pinturas de artistas franceses de los siglos XVIII y XIX (de Géricault a Delacroix de Ingres a Courber, de Redon a Bonnard) que forman parte de las **Colecciones Municipales**. Las **colecciones Tuck** y **Dutuit** comprenden en cambio no sólo diferentes objetos de la antigüedad griega, romana, etrusca y egipcia (esmaltes, porcelanas....) sino también dibujos y pinturas de varias épocas y varios lugares (Dürer, Cranach, Van der Velde, Watteau, Pollaiolo, Guardi, etc.).

PONT ALEXANDRE III - Se halla al final de la avenue Winston Churchill. Es una sola arcada metálica de 107 metros de largo y 40 de ancho que une la Explanada de los Inválidos a los Champs-Élysées. Fue construido para celebrar la alianza ruso-francesa entre 1896 y 1900 y lleva el nombre del zar Alejandro III cuyo hijo Nicolás II lo había inaugurado.
En los dos pilares de la orilla derecha están las representaciones de la *Francia medieval* y de la *Francia moderna* mientras que sobre los de la orilla izquierda se encuentran las estatuas que representan la *Francia renacentista* y la de *Luis XIV*. Sobre los pilares de la entrada del puente las *alegorías del Sena* y *del Neva* simbolizan a Francia y Rusia. Todo el puente está fastuosamente decorado con ángeles, alegorías de genios marinos, guirnaldas de flores y faros sostenidos por ángeles.

La hermosa fachada del Petit Palais.

El Puente Alejandro III y algunos detalles de la rica decoración escultorea.

5° Itinerario

EXPOSITION UNIVERSELLE DE 1889

Le Pays des Fées

Jardin Enchanté
31, AVENUE RAPP, 31

La Tour Eiffel y Les Invalides

Héro

New-York

Avenue des Nations-Unies

Avenue de

Pont d'Iéna

Branly

Avenue de la Bourdonnais

Quai

Allée Adrienne Lecouvreur

Avenue G. Eiffel

Avenue de Suffren

Nos dirigimos ahora al barrio Chaillot recorriendo la avenue d'Iéna, hasta llegar a la homónima plaza. En el centro, regalo de las mujeres americanas, se levanta la *estatua ecuestre de George Washington*. En el palacio moderno, con rotonda en la esquina de la plaza, está la sede del Consejo Económico y Social (Perret, 1938).

MUSÉE GUIMET - (Musée National des Arts Asiatiques). Entrada por el número 6. Fundado por el coleccionista lionés Guimet, ofrece una visión completa del arte de Oriente y de Extremo Oriente. Aquí se coleccionan obras de arte de la India (entre las cuales la *Danza cósmica de Siva*), de Camboya (colecciones del arte Khmer), de Nepal, Tibet (*Dakini danzante* en bronce dorado), de Afganistán, Paquistán, China, Japón, etc.

PALAIS GALLIÉRA - Cerca del Guimet, se encuentra en el número 10 de la avenue Pierre Ier de Serbie, el museo Galliéra. El edificio renacentista fue mandado construir por la duquesa Galliéra en 1889 para guardar sus propias colecciones artísticas las que pasaron luego por legado a la ciudad de Génova mientras que el edificio fue donado a París. El museo es sede del **Musée de la Mode et du Costume**. Las colecciones de este museo incluyen 2.000 trajes y más de 12.000 piezas a través de las cuales se tiene un panorama completo de la evolución de la moda francesa desde 1735 hasta nuestros días.

PALAIS DE TOKYO - El palacio se encuentra situado en el número 13 de la avenue du Président Wilson, y fue construido para la Exposición de 1937. Está constituido por dos cuerpos separados y unidos por un pórtico en la parte superior. Entre las dos alas hay una fuente rodeada por bajorrelieves y estatuas. Tres grandes estatuas de bronce de Bourdelle representan la *Francia,* la *Fuerza* y la *Victoria*. El edificio acoge el Musée d'Art Moderne de la Ville de Paris y el Centre National de la Photogaphie.

En esta página, algunas esculturas de piedra y bronce que se encuentran en el Palais de Chaillot.

MUSÉE D'ART MODERNE DE LA VILLE DE PARIS -

Con las colecciones de pintura de este museo se quiso recordar la importancia que la Escuela de París alcanzó en la historia de la pintura del siglo XX. Se conservan pinturas de Modigliani, Rouault, Utrillo, Picasso, Dufy, Vlaminck, Derain, etc. y esculturas de Zadkin, Maillol... También se expone aquí el cuadro más grande del mundo: la *Fée Electricité* de Dufy, de 600 metros cuadrados.

Por aquí se llega a la **Place du Trocadéro** cuyo nombre deriva de una fortaleza española que los franceses conquistaron en 1823. En el centro se levanta la estatua ecuestre del mariscal Foch (1951, R. Wlérick y R. Martin). En la esquina con la avenue Georges-Mandel, se halla el muro de protección del **Cementerio de Passy** en el que se encuentran las tumbas de algunos grandes: los pintores *Manet* y *Berthe Morisot*, los escritores *Giraudoux* y *Tristan Bernard*, los músicos *Debussy* y *Fauré*. También está sepultado aquí *Las Cases* que fue compañero de Napoleón durante su destierro en Santa Elena.

En las cercanías se extiende el barrio de Passy al que sus aguas ferruginosas dieron notoriedad.

En la rue Franklin N. 8 está el **Musée Clemenceau** instalado en el departamento del gran estadista (llamado el «Tigre») que permaneció tal como quedó el día de su muerte (1929) y que reúne documentos y recuerdos de su larga carrera de periodista y político. En el N. 47 de la calle Raynouard está la casa en la que vivió Balzac entre 1840 y 1847, actualmente transformada en museo, con varias reliquias del gran escritor.

Finalmente, en el N. 116 de la avenue Président Kennedy, encontramos la **Maison de Radio-France** (Palacio de la Radio y Televisión Francesa) construido entre 1959 y 1964 por H. Bernard con una torre de 70 metros, 1.000 oficinas, 62 estudios y 5 auditorios.

PALAIS DE CHAILLOT -

Junto a los jardines del Trocadéro, los Campos Elíseos y la Torre Eiffel, este palacio constituye un claro ejemplo de la arquitectura de principios del siglo XX. Se construyó en ocasión de la Exposición de París en 1937. Fueron sus arquitectos Boileau, Azéma y Carlu quienes proyectaron el actual edificio en el lugar de uno anterior, el del Trocadéro. El palacio consta de dos enormes pabellones que se prolongan en dos alas, unidos entre si por una terraza central con estatuas de bronce dorado. Los dos pabellones sobre cuyo frente se han grabado versos del poeta Valéry alojan el **Musée de la Marine**, el **Musée de l'Homme** y el **Musée des Monuments Français**.

Una escultura de bronce dorado que decora una fuente en Chaillot.

El Trocadéro visto desde la Torre Eiffel en una imagen de principios del siglo XX.

El Palais de Chaillot con la gran piscina y los jardines.

MUSÉE DE LA MARINE - Es uno de los más ricos del mundo en su género. Contiene modelos de naves, piezas originales, recuerdos y obras de arte relacionadas con el mar. Se conserva el modelo de la *Santa María* de Colón y el de la nave *La Belle Poule* que trajo las cenizas de Napoleón desde Santa Elena.

MUSÉE DE L'HOMME - Reúne colecciones bastante importantes de antropología y etnología que ilustran las diversas razas humanas y sus modos de vida. En la galería de paleontología se presentan hallazgos prehistóricos muy famosos: la *Venus de Lespugue* en marfil de mamut, el calco de la *Venus hotentote* y *pinturas al fresco de Hoggar*.

MUSÉE DES MONUMENTS FRANÇAIS - Surgido en 1880 por inspiración de Viollet-le-Duc, ofrece un vasto panorama artístico del periodo carolingio en adelante. Las obras se agrupan por regiones, por escuelas y épocas, de modo que el visitante puede estudiar la evolución, características e influencias de cada estilo. Siempre en el complejo del Palais Chaillot, se puede visitar el **Théâtre de Chaillot** situado debajo de la terraza, con capacidad para 300 personas. En 1948 y 1951-1952 se realizaron allí respectivamente la III y la VI sesiones de la Asamblea General de la ONU.

En el jardín, en el interior de una gruta, se organizó el **Aquarium** en el que se puede observar la vida de la mayoría de los peces de agua dulce de toda Francia. Los jardines se escalonan suavemente hasta llegar al Sena sobre el que se abre el **pont d'Iéna** (1813). Adornado en su extremo por cuatro grupos ecuestres une la plaza de Varsovia con la otra orilla dominada por la Torre Eiffel.

En esta y en las dos páginas siguientes, algunas imágenes de la Torre: las dos fotos antiguas de la página 84 se refieren a su construcción.

TOUR ElFFEL

Considerada símbolo de París se levantó en ocasión de la Exposición Universal de 1889. Obra maestra del ingeniero Gustave Eiffel mide en total 320 metros de altura y es un liviano armazón de 15.000 piezas metálicas soldadas entre sí. Su peso de siete mil toneladas se apoya sobre cuatro enormes pilares con base de cemento. Consta de tres plataformas, la primera a 57 metros, la segunda a 115 y la tercera a 274 metros de altura. En las dos primeras, bares y restaurantes

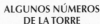

ALGUNOS NÚMEROS DE LA TORRE

15 de mayo de 1889: el día de su inauguración
26 meses: la duración de las obras
1.710 escaleras hasta la cima
150 obreros
50 ingenieros
40 diseñadores
700 diseños de conjunto
120 millones de visitantes en 100 años de vida

Gustave Eiffel en el centro con sus colaboradores.

El Champ-de-Mars visto desde arriba de la Tour Eiffel.

ofrecen al turista la posibilidad de descansar y gozar de un paisaje y una vista únicos. A veces, en los días de perfecta visibilidad, se puede llegar a ver hasta una distancia de 70 kilómetros.

CHAMP-DE-MARS - Este verde tapiz que se extiende debajo de la Torre Eiffel, era originariamente un lugar militar que se fue transformado sucesivamente en jardín. Durante el antiguo régimen y durante la Revolución, se realizaban aquí numerosas fiestas; famosa fue la del Ser Supremo introducida por Robespierre que se celebró el 8 de junio de 1794. En épocas modernas fue sede de numerosas exposiciones universales. Hoy, el jardín - cuya disposición fue ordenada por Formigé entre 1908 y 1928 - está surcado por amplios caminos embellecidos por pequeños lagos, cursos de agua, parterres floridos.

ÉCOLE MILITAIRE - Cierra al sur la bella perspectiva del Campo de Marte. Se constituyó por iniciativa del financiero Paris-

La fachada central del École Militaire.

Duverney y de Madame Pompadour con el propósito de que incluso los jóvenes más pobres pudieran abrazar la carrera militar. Fue levantado por el arquitecto Jacques-Ange Gabriel entre 1751 y 1773. La fachada tiene dos órdenes de ventanas y avanza en el centro un pabellón con columnas que sostienen un frontón decorado con estatuas y cubierto por una cúpula. El elegante **Patio de Honor** tiene un pórtico de columnas dóricas pareadas y la fachada formada por tres pabellones unidos entre si por dos alas con columnas. En este palacio destinado actualmente a Colegio Militar, estudió en 1784 Napoleón Bonaparte que regresó al año siguiente con el grado de subteniente de segunda de artillería.

El grandioso complejo de Les Invalides.

MAISON DE L'UNESCO - Se encuentra en la parte posterior de la Escuela Militar y fue construida en 1955-1958 por tres grandes arquitectos modernos: el americano Breuer, el italiano Nervi y el francés Zehrfuss. Proyectaron un edificio en forma de Y con grandes ventanas y fachadas curvas. En su decoración y embellecimiento colaboraron grandes artistas: de Henry Moore a Calder, de Mirò a Jean Arp, de Picasso a Le Corbusier.

LES INVALIDES

Este vasto conjunto de edificios que comprende el Hôtel des Invalides, el Dôme y la iglesia de St-Louis se extiende entre la place Vauban y la Explanada de los Inválidos.
Toda esta construcción ordenada por Luis XIV y confiada a Libéral Bruant en 1671 estaba destinada a dar asilo a los viejos soldados inválidos que se veían obligados a mendigar. La vastí-

sima plaza de la **Esplanade** (1704-1720) de 487 metros de largo por 250 de ancho es el adecuado escenario para el **Hôtel**. En el jardín que lo precede se alinearon cañones de bronce de los siglos XVII y XVIII, las dieciocho piezas de la «batería triunfal» que disparan solo en ocasión de importantes acontecimientos y a ambos lados de la entrada dos tanques alemanes capturados en 1944. La fachada de 196 metros tiene cuatro órdenes de ventanas y un majestuoso portal en el centro con un relieve en su parte superior que representa a *Luis XIV* entre la *Prudencia* y la *Justicia*. Ya en el patio se advierten los cuatro flancos compuestos por dos pisos de arcadas de modo que el pabellón del fondo constituye la fachada de la iglesia de St-Louis. En el centro se encuentra la *estatua de Napoleón* obra de Seurre (antes

en la cúspide de la columna Vendôme). La **iglesia de St Louis-des-Invalides** proyectada por Hardouin-Mansart, tiene tres naves. Numerosas banderas cuelgan de lo alto de los muros.

Les Invalides visto desde el Pont Alexandre III y la fachada del Hôtel dominada por la cúpula dorada del Dôme.

En la cripta está sepultado Rouget de Lisle, el creador de la Marsellesa.

El Hôtel des Invalides acoge actualmente importantes museos: el **Musée de l'Armée**, el **Musée d'Histoire contemporaine**, el **Musée des Plans-Reliefs**. El primero reune la mayor colección militar del mundo. No hay sólo armas y armaduras desde el siglo XIV hasta nuestros días sino también recuerdos y restos históricos de gran importancia y valor.

La hermosa verja de entrada.

DÔME DES INVALIDES

Con entrada por la plaza Vauban, es la obra maestra de Hardouin-Mansart que la construyó entre 1679 y 1706 con planta cuadrada en dos órdenes. La fachada es un modelo de elegancia y simetría; sobre los dos órdenes de columnas coronados por un frontón se asienta firme el tambor con columnas pareadas. De aquí, mediante un sobrio pasaje de soportes se yergue la esbelta cúpula decorada con guirnaldas y motivos florales. La calota cubierta de hojas doradas termina en un linternón en aguja a 107 metros del suelo.

Las poderosas formas clásicas del Dôme des Invalides.

Interior. En cruz griega, es tan simple como el exterior. En las pechinas de la cúpula Charles de la Fosse pintó los *cuatro Evangelistas* y en la calota está representado *San Luis en el acto de entregar la espada a Cristo*. Aquí están las tumbas de algunos miembros de la familia Bonaparte y de otros grandes de Francia. En las capillas de la derecha, las *tumbas de José Bonaparte* y los *mariscales Foch* y *Vauban* en la primera capilla a la izquierda, el sepulcro del otro hermano de Napoleón, *Gerónimo* al que siguen las *tumbas* de *Turenne* y de *Lyautey*.

TUMBA DE NAPOLEÓN - Se abre exactamente debajo de la cúpula. El emperador, muerto en Santa Elena el 5 de mayo de 1821, fue devuelto a París en 1840 y su cuerpo, en una ceremonia sin igual, fue aquí depositado el 15 de diciembre. Sus despojos fueron encerrados en seis ataúdes: el primero de hierro, el segundo de caoba, el tercero y el cuarto de plomo, el

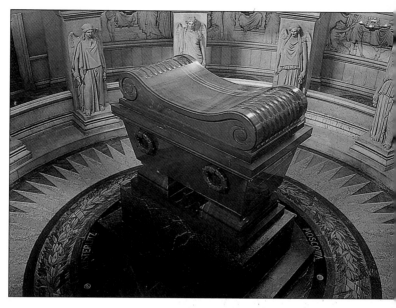

El sarcófago de pórfido que recoge los restos de Napoleón.

Auguste Rodin: El Pensador.

quinto de madera de ébano y el sexto de encina que fueron depositados en un sarcófago de pórfido en la cripta proyectada por Visconti. Doce enormes *Victorias* de Pradier, velan al emperador. A su lado la *tumba del «Aiglon»*, el hijo de Napoleón, muerto en Viena en 1832.

MUSÉE RODIN - Tiene su entrada en el número 77 de rue de Varennes. Se halla instalado en el **Hôtel Biron**, edificio construido entre 1728 y 1731 por Gabriel y Aubert, de propiedad del mariscal de Biron. En 1820 fue sede de un convento de hermanas del Sagrado Corazón que educaban a las niñas de las grandes familias. A este periodo pertenece la iglesia neo-gótica levantada en el patio mandada construir por la superiora Sophie Barat. En 1914 el edificio fue alquilado al liceo Victor Duruy, hasta que se lo puso a disposición del escultor Auguste Rodin quien a su muerte (1917) dejó sus obras al Estado. El museo es un espléndido testimonio de la obra del gran escultor. Se conservan en él unas 500 esculturas realizadas en bronce y mármol blanco. Entre otras recordamos *Les Bourgeois de Calais,* el *Pensador* y la *estatua de Balzac* en el patio de honor, el *grupo del conde Ugolino* en el jardín, el *Beso* y *San Juan Bautista* en el salón de planta baja.

6° Itinerario

Boulevard Saint Germain

Rue du Four

Rue de Seine

Rue Madame

Rue Bonaparte

Rue Garancière

Rue de Tournon

Rue de Vaugirard

La fachada del Palais Bourbon, sede de la Asamblea Nacional.

FAUBOURG SAINT-GERMAIN - Este barrio de la «rive gauche» nacido al extenderse un barrio formado alrededor de la iglesia de Saint-Gérmain-des Prés, es el barrio noble de París: aquí, en efecto, acaudalados señores, financieros y aristócratas procedentes del Marais, construyeron elegantes residencias con patio de honor y amplios jardines. Todas estas suntuosas mansiones, con el tiempo se transformaron en sedes de Embajadas o Ministerios. El declinar de este barrio comenzó con Luis Felipe y Napoleón III, cuando los Campos Elíseos suplantaron definitivamente St-Germain.

PALAIS BOURBON

Se encuentra enfrente del Pont de la Concorde (1790), simétrico a la Madeleine. Actualmente es sede de la Asamblea Nacional. Lleva la firma de cuatro famosos arquitectos: Giardini que lo inició en 1722, Lassurance que continuó los trabajos, Aubert y Gabriel que lo terminaron en 1728. Originariamente fue construido para la hija de Luis XIV, la duquesa de Borbón que dio su

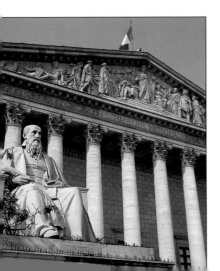

nombre al palacio. En 1764 pasó a ser propiedad del príncipe de Condé que lo amplió hasta llegar a tener su actual aspecto. Entre 1803 y 1807 Poyet por encargo de Napoleón construyó la fachada. El pórtico tiene una *frontón alegórico* (Cortot, 1842). Los otros bajorrelieves alegóricos son de Rude y de Pradier.

Interior. Está lleno de obras de arte. Delacroix entre 1838 y 1845 decoró la Biblioteca con la *Historia de la Civiliza-*

Una de las cuatro estatuas que flanquean la escalinata de acceso: representan a L'Hôpital, Sully, Colbert, y d'Aguesseau.

ción y Houdon esculpió los *bustos de Diderot* y de *Voltaire* también en la **Biblioteca**.

Se recorre ahora la característica rue de Lille. Esta, junto a la rue de Varennes, a la rue Grenelle, a la rue de l'Université, conserva todavía el antiguo espíritu del Faubourg St-Germain.

El Pont des Arts, y al fondo, el Instituto de Francia.

PALAIS DE LA LÉGION D'HONNEUR - Se encuentra en la calle de Lille N. 64. Construido por el arquitecto Rousseau en 1787 para el príncipe de Salm y quemado en 1871, durante la Comuna, fue reconstruido en su forma original en 1878. Desde 1804 es sede de la Legión de Honor (instituida por Napoleón en 1802). En el palacio está el **Musée de la Légion d'Honneur**, rico en reliquias y documentos todos relativos a la orden caballeresca creada por Napoleón y a otras órdenes europeas.

La fachada del Instituto de Francia.

Junto al Palacio está la **Gare d'Orsay** de 1900 que actualmente es la sede del Museo de Orsay. Costeando el Sena se llega, frente al Louvre, al característico **Pont des Arts**, primer puente de hierro de la ciudad sólo para peatones.

INSTITUTO DE FRANCIA - Fue construido en 1665 por un legado testamentario de Mazzarino quien en 1661, tres días antes de morir, dejó dos millones de francos destinados a la construcción de un colegio, el Colegio de las Cuatro Naciones con capacidad para 60 alumnos. En 1806 Napoleón trasladó allí el Instituto de Francia formado en 1795 por la fusión de cinco academias: la Academia de Francia, la de Ciencias, la de Letras, la de Bellas Artes y la de Ciencias Morales y Políticas. Le Vau proyectó el edificio inspirándose en los edificios de la Roma barroca. Consta de un cuerpo central cuya fachada tiene columnas que sostiene un frontón al que se superpone una hermosa cúpula en cuyo tambor están esculpidos los emblemas de Mazzarino. Este cuerpo está unido a los pabellones laterales por dos alas curvas con dos órdenes de pilastras. A la izquierda del portón está la **Biblioteca Mazzarino** y a la derecha la **Sala de las Reuniones Solemnes**. Aquí en la que fue originariamente la Capilla del Colegio, bajo la cúpula, se realiza la solemne ceremonia de presentación de los nuevos miembros de la Academia de Francia. La sala está precedida por un atrio en el que se encuentra la *tumba de Mazzarino* (Coysevox, 1689).

Exterior del Café de Flore, uno de los sitios más característicos de St-Germain.

LA MONNAIE - Se halla en el número 11 del quai de Conti, exactamente al lado del Instituto. El majestuoso edificio donde tiene su sede la Moneda fue construido en 1771-1777 por el arquitecto Antoine. La fachada de 117 metros presenta con simplicidad de líneas tres órdenes de ventanas y un antecuerpo central con columnata. En el interior, por una monumental escalinata, se llega al **Musée de la Monnaie** donde se reúnen monedas y medallas antiguas y modernas.

PLACE ST-GERMAIN-DES-PRÉS - Internándose por las callejuelas características del barrio, llenas de anticuarios y mercaderes de arte, llegamos a esta plaza, corazón del viejo París y lugar de cita de los intelectuales de la «rive gauche». Los cafés y las *brasseries* que animan la plaza han sido durante años testigos del nacimiento de movimientos literarios, filosóficos y artísticos que han marcado la historia del siglo XX.

En el *Café des Deux Magots* se sentaron Rimbaud y Picasso, en el *Café de Flore*, al que iban Jean Cocteau, Jean Genet y Boris Vian, Jean-Paul Sartre y Simone de Beauvoir, ponen las bases de lo que será el existencialismo. En el aire humeante de las "caves" cercanas, la "musa" Juliette Gréco, largo cabello suelto y jersey negro de cuello de cisne, da a conocer al mundo los poéticos versos de Brassens y de Léo Ferré. En el otro lado del bulevar, en la *brasserie Lipp*, se encontraban para discutir Paul Valéry, Max Jacob, Léon Blum, Giraudoux.

El lado y la hermosa torre del campanario románico de St-Germain-des-Prés.

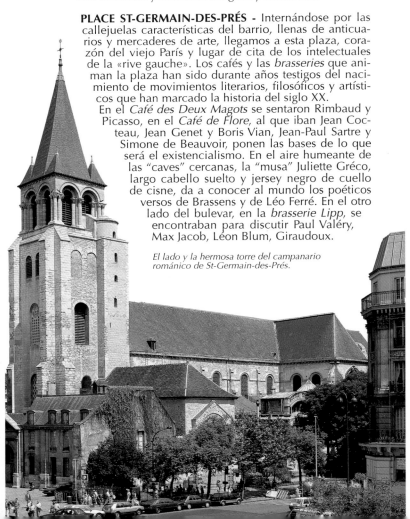

ST-GERMAIN-DES-PRÉS

Raro ejemplar del románico en París, es la iglesia más antigua de la ciudad, levantada en los siglos XI y XII, devastada cuatro veces en cuarenta años por los normandos y reconstruida siempre siguiendo severas formas románicas. En su frente quedan restos del portal del siglo XII semiocultos por el pórtico construido en 1607. Plenamente románica es en cambio la torre del campanario con sus macizos ángulos reforzados por gruesos contrafuertes.

Interior. Presenta tres naves en el transepto cuya cabecera fue modificada en el siglo XVII. El coro y el deambulatorio conservan aun en parte la originaria arquitectura del siglo XII. También aquí hay dos *tumbas* de personajes ilustres: la de *Cartesio* (Descartes) en la segunda capilla de la derecha y la del rey polaco *Juan Casimiro* en el transepto izquierdo.

Sobre el costado izquierdo de la iglesia frente a la rue de l'Abbaye, se abre la pequeña rue de Furstenberg en cuyo N. 6 está la casa donde murió Eugenio Delacroix en el año 1863. Hoy se coleccionan allí los objetos personales del pintor. A poca distancia de St-Germain en un barrio poblado de tiendas, que venden objetos religiosos e imágenes sagradas, está la plaza St-Sulpice con la homónima iglesia.

ST-SULPICE

Después de Notre-Dame es la iglesia más grande de París. En 134 años se sucedieron seis arquitectos para su construcción. Al último, al florentino G. N. Servandoni, se debe la imponente fachada que fue en parte modificada por Maclaurin y Chalgrin. Actualmente está constituida por una galería con balcones y dos torres laterales. A los lados las cabeceras del transepto tienen dos órdenes superpuestos en estilo jesuítico.

Interior. Es realmente grandioso; 110 metros de largo, 56 de ancho y 33 de altura (más grande pero no más alto que St-Eustache). En la entrada se halla el órgano, uno de los mejores de Francia, diseñado en 1776 por Chalgrin y

Dos imágenes de St-Suplice.

reconstruido en 1862 por Cavaillé-Coll. Adosadas a las dos primeras columnas dos *pilas de agua bendita* que no son más que dos gigantescas conchas ofrecidas a Francisco I por la república de Venecia y que después en 1745, Luis XV donó a la iglesia. En la primera capilla a la derecha, Eugenio Delacroix pintó entre 1849 y 1861 algunos espléndidas pinturas al fresco vigorosamente románticas. En la pared de la derecha aparece *Heliodoro arrojado del templo,* en la izquierda la *Lucha de Jacobo con el ángel* y en la bóveda *San Miguel venciendo al dragón.* En las columnas del coro se levantan dos estatuas de Bouchardon, la *Dolorosa* y *Cristo atado a la columna.* En la capilla de la Virgen decorada por Servandoni se conservan una *Virgen con el Niño,* de Pigalle, ubicada en un nicho sobre el altar; en los muros, telas de Van Loo y en la cúpula, una pintura al fresco de Lemoyne.

LES CARMES - Está en el número 70 de la rue de Vaugirard. Es el antiguo convento de los carmelitas descalzos, fundado en 1611. Tiene una triste fama, el 2 de septiembre de 1792 fueron masacrados aquí sin piedad 115 religiosos acusados de no haber jurado la Constitución Civil del clero. En la cripta está el osario de las víctimas.

LUXEMBOURG

La misma rue de Vaugirard nos lleva directamente a la principal atracción del lugar, el Luxemburgo, constituido por un palacio circundado por un famoso jardín.

PALACIO - Muerto Enrique IV, María de Médicis, que no se adaptaba al ambiente del Louvre, prefirió vivir en un lugar que

La elegante fachada del Palacio del Luxemburgo.

de alguna manera le recorda-
ra a la Florencia de donde
procedía. En 1612 adquirió
el palacete del duque Francisco de Luxemburgo y una
vasta extensión de tierra. Encargó a Salomón de Brosse
en 1615 que construyese un
palacio cuyo estilo y cuyos
materiales semejaran lo más
posible a los palacios floren-
tinos que había dejado al
partir para Francia. En efecto,
sea por el almohadillado o
por sus gruesas columnas
con anillos, recuerda al Palacio Pitti más que ningún otro
palacio de París. La fachada
consta de un pabellón de dos
órdenes con cúpula y otros
dos pabellones laterales unidos al central por galerías. Al
estallar la Revolución, el palacio dejó de pertenecer a la
familia real y se transformó
en Prisión de Estado. El 4 de
noviembre de 1795 se instaló
el Primer Directorio y luego
Napoleón lo destinó a sede
del Senado. Para visitar su interior se requiere permiso de

La Fuente Médicis, atribuida a
Salomón de Brosse.

la Secretaría General del Senado. La Biblioteca está decorada
con famosas pinturas de Delacroix (Dante y Virgilio en el Lim-
bo, Alejandro que coloca los poemas homéricos en el cofre de
Dario) ejecutadas en 1847 y en la Galería, Jordaens pintó en el
techo los signos del zodiaco.

JARDÍN - Abarca una extensión de 23 hectáreas y es el parque
público animado cotidianamente por los jóvenes estudiantes
del Barrio Latino. En los bosquecillos que lo rodean hay fuentes, grupos escultóricos, hasta campos de juego. Es hermosa la
serie de estatuas de las reinas de Francia y de las mujeres ilustres alineadas a lo largo de las terrazas del parque. Al fondo de
un canal, sobre el costado este del palacio, rodeada de verde se
encuentra la magnifica **Fuente Médicis** atribuida a Salomón de
Brosse. En el nicho central se levanta el grupo escultórico obra
de Ottin de 1863 que representa a Polifemo que sorprende a
Galatea con el pastor Asís y en la parte posterior un bajorrelieve de Valois de 1806 representa a Leda con el cisne.

PETIT-LUXEMBOURG - Está a la derecha del Luxemburgo en el
número 17 de la rue de Vaugirard. Antiguamente propiedad de
María de Médicis y del cardenal Richelieu actualmente sede
del Presidente del Senado.

AVENUE DE L'OBSERVATOIRE - Es una espléndida calle arbolada que de los jardines del Luxemburgo conduce al Observatorio. En mitad de la avenida, en un marco verde, se levanta la

famosa fuente llamada de las *Cuatro partes del mundo* (Davioud, 1875) formada por el famoso grupo de niñas que simbolizan las cuatro partes del mundo esculpidas por Carpeaux con increíble gracia y delicadeza.

OBSERVATORIO - Se encuentra al final de la calle y es sede de la Oficina Internacional de la Hora desde 1919. Colbert ordenó su construcción que se inició el 21 de junio de 1667 (día del solsticio de verano) siguiendo el proyecto de Claude Perrault. Las cuatro fachadas del edificio están perfectamente orientadas hacia los cuatro puntos cardinales y el meridiano de París pasa exactamente por el centro de la construcción. Por aquí se llega a la **place Denfert-Rochereau** dedicada al coronel que en 1870 opuso tenaz resistencia a los alemanes en Belfort. Aquí se abre

La Fuente del Observatorio, llamada también "de las cuatro partes del mundo".

Francis Scott Fitzgerald.

Amedeo Modigliani.

también la entrada a las **Catacumbas**, grutas calcáreas de la época galo-romana utilizadas como osarios en 1785. Se conservan millares y millares de osamentas procedentes de muchos cementerios de la ciudad y es probable que aquí descansen los restos (no identificables) de tantos protagonistas de la Revolución (Robespierre, Danton, St Just) que habían sido arrojados a fosas comunes.

MONTPARNASSE

Procede su nombre de una pequeña altura que se levantaba en las cercanías, nivelada durante el siglo XVIII y que se llamaba Parnasse. Entre los años 1920 y 1940 el lugar era frecuentado especialmente por artistas, escritores y pintores que dieron de esta forma a Montparnasse ese aspecto típicamente bohemio que lo hizo hermano y también rival del igualmente célebre barrio de Montmartre. Pintores como Amedeo Modigliani, fascinante y maldito, que vivió en el barrio hasta su muerte, Picasso que dividía su trabajo entre aquí y el Bateau-Lavoir en Montmartre. Al igual que Saint Germain, también Montaparnasse tiene sus locales "históricos": *La*

La zona comprendida entre el boulevard Montparnasse, boulevard Raspail y rue de Rennes es la más animada y vivaz del barrio.

Closerie des Lilas, con un hermoso interior Déco, *La Rotonde* también frecuentado por Trozkij, *Le Dôme,* en el otro lado del bulevar, *La Coupole*, con sus 24 pilastras decoradas en la sala del restaurante. Y aquí cerca está el *Sélect*, el primer bar en París que está abierto toda la noche.

Estos eran los lugares de encuentro de la pequeña colonia de americanos de la que formaban parte Hemingway, Scott Fitzgerald, Henry Miller, los americanos que Gertrude Stein (que vivía en rue des Fleurus) había definido "la generación perdida". En una mesa de la *Coupole* Hemigway escribió "Fiesta".

En el cruce del boulevard Raspail y el boulevard Montparnasse se encuentra el **carrefour Raspail** corazón y punto neurálgico del barrio. Se yergue aquí una de las más hermosas obras de Rodin, el bronce que representa a *Balzac*.

CEMENTERIO - Es una de las visitas más interesantes del lugar. Construido en 1824, guarda los restos de literatos (*Proudhon, Maupassant, Huysmans, Baudelaire, Tristán Tzara*), pintores (*Fantin-Latour, Soutine*), escultores (*Brancusi, Rude, Houdon*) músicos (*Franck, Saint-Saëns*) y del capitán *Dreyfus* protagonista y víctima del famoso proceso.

A pesar de las numerosas realizaciones edilicias que modificaron el rostro del barrio, Montparnasse conserva todavía huellas de un pasado rico desde el punto de vista artístico. En el número 16 de la rue Bourdelle se encuentra el **Musée Bourdelle** que reúne casi toda la obra del escultor Antoine Bourdelle.

Montparnasse conserva también un raro exponente de la arquitectura metálica aplicada a un edificio religioso: la iglesia de **Notre-Dame-du-Travail** del 1900. Continuando encontramos la rue de la Gaîté (calle de la alegría) así llamada porque en el siglo XVIII estaba flanqueada por restaurantes, cabarets y salas de baile. En el número 20 encontramos el célebre music-hall **Bobino.**

7° Itinerario

BARRIO LATINO

Decir hoy Barrio Latino es decir Sorbona, Universidad. De origen remotísimo se convirtió en el barrio de los estudios cuando en el siglo XII la Universidad se trasladó de la Île-de-la-Cité a la «rive Gauche». En poco tiempo se hizo famosa por la influencia que sobre los estudiantes ejercían los grandes maestros que allí enseñaban (San Buenaventura, Santo Tomás de Aquino, San Alberto Magno). El itinerario del barrio latino puede iniciarse desde la **Place St-Michel,** de la época de Napoleón III. Una hermosa **fuente** (Davioud, 1860) está adornada con el grupo de bronce de *San Miguel que vence al dragón.*

En esta plaza se libraron encarnizados combates en 1944 entre los estudiantes de la Resistencia y los alemanes.

El Barrio Latino fue el teatro de las agitaciones estudiantiles del mayo de 1968. Expulsados de la Sorbona, los demostrantes durante la noche entre el 10 y 11 de mayo levantaron muchísimas barricadas en el barrio y mantuvieron durísimos enfrentamientos con la policía.

La fuente de Davioud, en la place St-Michel.

El Panthéon visto desde la place Rostand.

BOULEVARD ST-MICHEL - Es una larga calle inaugurada durante el Segundo Imperio, que los parisinos llaman familiarmente «Boul' Mich'». Sube directamente del Sena hacia la colina de Santa Genoveva. Animado, lleno de librerías anticuarias, de ruidosos cafés, de restaurantes exóticos y cines de vanguardia, el boulevard es el corazón del barrio.

ST-SÉVERIN - Ya a finales del siglo XI St-Séverin era la parroquia de toda la «rive gauche». En su forma actual comenzó a ser levantada la iglesia en la primera mitad del siglo XIII y su construcción continuó durante todo el siglo XVI. El **portal** de la fachada es del siglo XIII; procede de la iglesia de St-Pierre-aux-Boeufs demolida en 1839. En la parte superior las ventanas y el rosetón son de estilo gótico «flamígero» (siglo XV) mientras que el campanario que se levanta a la izquierda es del siglo XIII. Pequeñas cúspides esculpidas se alinean a lo largo de los flancos y el ábside de la iglesia. **Interior.** De 50 metros de largo, 34 de ancho y 17 de alto, tiene cinco naves sin transepto y pequeño coro. Las tres primeras arcadas de la nave central son las más antiguas, corresponden al siglo XIII mientras que las otras son del siglo XV y XVI. Sobre las arcadas se abre la galería del triforio, la más antigua de París. Siempre en estas arcadas, las columnas están adornadas con capitales al contrario de las otras de las arcadas sucesivas, de estilo gótico «flamígero». El **ábside** ofrece cinco arcadas más altas que las del coro. En él se puede admirar el espléndido doble deambulatorio levantado entre 1489 y 1494 con las múltiples nervaduras que parten como rayos de lo alto de las columnas. Bellos vitrales de finales del siglo XV adornan las vidrieras de la fachada representando el *Árbol de Isaí* (principios del siglo XVI).

Un gracioso elemento decorativo en el square René Viviani.

El ábside de St-Séverin.

La fachada de la antigua iglesia de St-Julien-le-Pauvre.

ST-JULIEN-LE-PAUVRE - Esta iglesia, aunque pequeña, es bastante pintoresca. Es una de las iglesias más antiguas de París cuya construcción data de la misma época que Notre-Dame (del 1165 al 1220 aproximadamente). Desde 1889 se oficia el culto católico del rito melquita. En el siglo XVII fue notablemente modificada la estructura de la iglesia cuando se demolieron dos arcadas de la nave y la fachada.

SQUARE RENÉ VIVIANI - Este pequeño jardín de silos se abre frente a la iglesia. En 1620 se plantó aquí un árbol de acacia blanca (robinia) que es uno de los árboles más antiguos de París, traído de América del Norte por el botánico Robin de donde procede su nombre. Desde aquí se goza el panorama tal vez más bello del costado de Notre-Dame.

HÔTEL DE CLUNY

Este edificio encerrado en el verde de un jardín, es sin duda alguna uno de los ejemplos más bellos de la arquitectura flamígera. El Hôtel se halla junto a las ruinas de las Termas romanas (del siglo II o principios del III). Sobre un terreno que era propiedad del monasterio de Cluny en Borgoña, el abate Jacques d'Amboise mandó construir entre 1485 y 1498 un palacio para dar residencia a los monjes benedictinos que venían de Cluny a visitar la capital. El hôtel se vendió durante la Revolución que lo transformó en bien público y en 1833 fue residencia del coleccionista Alexandre du Sommerard. A su muerte (1842), tanto el edificio como las colecciones que contenía pasaron a ser propiedad del Estado y en 1844 se inauguró el Museo en el que se recogen testimonios de la vida francesa medie-

Dos ejemplos del gótico flamígero del Hôtel de Cluny.

val desde los trajes hasta las armas, desde las joyas a las cerámicas, desde los tapices a las pinturas y las estatuas.

MUSÉE NATIONAL DU MOYEN ÂGE - Se entra al museo por el patio. Desde aquí se admira el edificio en toda su belleza con dos órdenes de ventanas cruzadas y una torre, a la que se puede ascender, adornada con los emblemas de San Santiago. La balaustrada que corona el techo y las lumbreras son típicas del gótico flamígero. El museo consta de 24 salas. Una de las más preciosas colecciones es la de los tapices tejidos en el Loira y en Flandes de los siglos XV y XVI. La sala XIII, llamada también la Rotonda, conserva el famoso tapiz de *La Dame à la Licorne* de principios del siglo XVI. Siempre en este piso la sala más famosa es, sin ninguna duda, la XX o sea la Capilla, antiguo oratorio de los abates. De puro estilo gótico flamígero tiene una sola pilastra en el centro de donde parten las nervaduras de la bóveda; a lo largo de las paredes una serie de ménsulas sostienen los nichos con las estatuas de la familia d'Amboise. En esta capilla se encuentran los célebres tapices que ilustran la *Leyenda de San Esteban,* destinados a la catedral de Auxerre y terminados hacia 1490. En la sala XIV otro gran tapiz de principios del siglo XVI representa la *Parábola del Hijo Pródigo.*

ESCUELA DE MEDICINA - Está ubicada en el número 12 de la pintoresca rue del'École de Médecine. Fue construida entre 1769 y 1786. Para la ampliación de 1878-1900 se derribaron ilustres edificios: la casa donde Carlota Corday apuñaló a Marat y el taller donde trabajaba Courbet. Enfrente del edificio se levanta una *estatua de Danton* (A. Paris, 1891).

COLEGIO DE FRANCIA - El Colegio de Francia fue ordenado por Francisco I en 1530 para enseñanza independiente de la Sorbona. Desde 1852 depende del Ministerio de Educación Nacional y en él se dictan cursos libres de litera-

Las lígeras nervaduras góticas en el arco de la Chapelle.

Jacques-Louis David: La Muerte de Marat.

La fachada de la iglesia de la Sorbona, de formas típicamente barrocas y un detalle de las esculturas del tímpano.

tura y ciencias. Se halla precedido por un jardín en el que se levanta una *estatua de Dante* (Aubé 1879) y un *monumento a La Pléiade*. En un subsuelo se conserva el ciclotrón con el cual Frédéric Joliot-Curie realizó la fusión del núcleo de uranio.

SORBONA - Con el nombre de Sorbona se designa el complejo de edificios, sede de la Universidad de París desde hace siete siglos. En 1253 el confesor del rey Luis IX, Robert de Sorbon, quiso fundar un colegio donde se enseñara teología incluso a los más pobres; tal fue el comienzo de la futura Universidad.
En la vasta extensión que actualmente ocupa funcionan además de los varios institutos de estudio, la biblioteca y el rectorado.

IGLESIA DE LA SORBONA - Es la parte más antigua de los edificios de la Universidad. Levantada entre 1635 y 1642 por Lemercier tiene una fachada netamente barroca en dos órdenes dominada por la elegante cúpula. Las volutas enlazan el orden superior al inferior. Las columnas del primer plano se transforman en el segundo en pilastras aplanadas produciendo así una gradual intensificación de la luz. **Interior**. En el transepto, Girardon esculpió siguiendo el diseño de Le Brun en 1694 la *tumba del cardenal de Richelieu*.

La colina sobre la que nos encontramos se llama **Montagne Ste-Geneviève**. Se recorre la rue Soufflot, llena de librerías y editores de obras jurídicas y en el extremo de la calle en la es-

quina con la plaza del Panteón, a la izquierda está la **Facultad de Derecho** (Soufflot, 1770) y a la derecha la **Municipalidad del 5° distrito** (Hittorf, 1850). En la plaza dominada por la majestuosa mole del Panteón, se halla la **Biblioteca de Santa Genoveva** obra de Labrouste (1844-1850), llena de manuscritos e incunables. A ambos lados del Panteón dos *estatuas* de mármol representan a *Corneille* y a *Rousseau*.

PANTHÉON

F ue en un principio iglesia de Sta. Genoveva a raíz de un voto hecho por Luis XV gravemente enfermo en 1744. Se inició sobre proyecto de Soufflot en 1758 y fue terminada en 1789 con la colaboración de Rondelet. La Revolución la transformó en templo de la Gloria para alojar los despojos de los grandes hombres. Napoleón la reabrió al culto en 1806 pero sólo en 1885 volvió a ser definitivamente un templo laico. Las proporciones son excepcionales: 110 metros de largo y 83 de altura.

Por una escalinata situada enfrente del templo se llega al atrio donde se levantan las 22 columnas que sostienen un frontón en el que David d'Angers esculpió en

La solemne y clásica fachada del Panthéon, y en la foto de arriba, la tumba de Voltaire en el interior.

1831 la *Alegoría de la Patria entre la Libertad y la Historia*. Ahí está la famosa inscripción «Aux grands hommes, la patrie reconnaissante». La grandiosa cúpula domina todo el monumento y un pórtico de columnas corintias ciñe el tambor.

Interior. Es en cruz griega con la cúpula que surge en el cruce de los brazos y sostenida por cuatro pilastras. En los muros, Puvis de Chavannes pintó las *Historias de Santa Genoveva*. El Panthéon alberga numerosas *tumbas* de hombres ilustres. *Jean-Jacques Rousseau* fue inhumado en 1794. Entre otras podemos citar la de *Victor Hugo* (depositado aquí en 1885), la de *Émile Zola*, de *Voltaire*, *Carnot*, *Mirabeau* y del propio autor del edificio, *Soufflot*. En 1996 fueron enterrados los restos de *André Malraux*.

Desde la cima de la **cúpula** (425 peldaños) se admira un vasto y sugestivo panorama.

ST-ÉTIENNE-DU-MONT

E s una de las más singulares iglesias de París tanto por la fachada como por el interior. Fue iniciada en 1492 pero se terminó en 1622. La fachada es una extraña amalgama de estilo gótico y renacentista, con tres frontones superpuestos.

Interior. Gótico, tiene tres naves con transepto; altísimas columnas cilíndricas sostienen las bóvedas unidas entre si por una tribuna que corre sobre las arcadas. Pero el elemento que caracteriza la iglesia es el *jubé* o sea el ambón colgante que separa la nave del coro.

El exterior y el interior de la singular iglesia de St-Étienne-du-Mont.

Fue diseñado por Philibert Delorme y es el único «jubé» que se conoce en París. Su construcción iniciada en 1521 llegó a 1545. El rico calado de inspiración renacentista se prolonga por las escaleras laterales en espiral. En el deambulatorio, entre las columnas de la capilla de la Virgen se encuentran las *tumbas de Pascal* y *de Racine*. Son hermosas las vidrieras de los siglos XVI y XVII. Además, en la iglesia se conserva el relicario de Ste Geneviève patrona de París, que en el año 451 salvó a la ciudad de la amenaza de los Unos

VAL-DE-GRÂCE

La construcción de este magnífico conjunto arquitectónico del siglo XVII se debe a Ana de Austria quien a los 37 años aun no tenia hijos y realizó el voto de levantar una rica iglesia si llegaba el tan deseado heredero. El futuro Luis XIV nació en 1638 y se iniciaron en seguida los trabajos de construcción del templo siguiendo el proyecto de François Mansart. El pequeño rey puso en 1645 la piedra fundamental. Más tarde Mansart, considerado muy lento por la reina, fue reemplazado por Lemercier pero otro arquitecto, Le Duc, fue el que terminó la obra en 1667. La iglesia fue consagrada en 1710. Construida en estilo jesuítico, tiene una fachada dividida en dos órdenes de columnas con doble frontón triangular y la corona la bella y audaz cúpula de 40 metros de altura.

Interior. El interior es del más puro estilo barroco: de una sola nave con bóveda en semicírculo, capillas laterales comunicadas entre si y coro con seis capillas (dos laterales y cuatro angulares). La cúpula está decorada con una grandiosa pintura al fresco de P. Mignard, la *Gloria de los Bienaventurados*, composición de más de doscientos figuras de tamaño tres veces mayor que el natural. La decoración escultórica pertenece a los hermanos Anguier y a Philippe Buyster. A la derecha, la **Capilla de St-Louis**, el antiguo coro de los benedictinos; a la izquierda la **Capilla de Santa Ana** donde desde 1662 se fueron depositando los corazones de la familia real y de la familia de Orleans desaparecidos luego en 1792 durante la Revolución. Del antiguo convento benedictino no queda hoy más que el hermoso **claustro** con dos órdenes de galerías y el pabellón donde residía Ana de Austria.

ST-MÉDARD - Se levanta al final de la rue Monge frente a la característica y popular rue Mouffetard. Dedicada a San Medardo, consejero de los reyes merovingios, fue iniciada en el siglo XV y terminada en 1655. La **fachada** ostenta un importante ventanal de estilo gótico flamígero como la nave principal del interior, mientras que el coro es de estilo renacentista. En la iglesia se conservan una pintura atribuida a Zurbarán, *San José y el Niño Jesús,* y un *Cristo muerto* de Philippe de Champaigne.

MANUFACTURE DES GOBELINS - En el número 42 de la avenue des Gobelins se halla la manufactura de tapices famosos en todo el mundo. En este edificio se instaló en 1440 un tintorero llamado Jean Gobelin que montó aquí su pequeña fábrica. Fue cedida en 1601 por sus herederos a dos tapiceros flamencos llamados de Bruselas a París por el rey Enrique IV. Luis XIV después, en 1662, encargó a Colbert que reagrupara las diferentes tintorerías de la ciudad y de esta forma en 1667 se convirtieron en la «Manufacture Royale des Tapisseries de la Couronne» a la que cinco años después se añadió «la Manufacture Royale des Meubles». Con los diseños de los grandes maestros (Poussin, Van Loo, Boucher hasta Picasso) se crearon más de 5.000 tapices de gran valor. Desde el siglo XVII la organización y los métodos artesanales de las Manufacturas permanecieron invariables. Se pueden visitar los laboratorios o la Galería donde se exponen tapices de los siglos XVII y XVIII. Entre 1912 y 1918 Jean-Camille Formigé construyó el museo de piedra y ladrillos.

Al final de la avenue des Gobelins se abre la circular **Place d'Italie**, antiguo fielato de París y actualmente centro vivaz de un barrio en pleno desarrollo. Desde aquí, a lo largo del boulevard Vincent Auriol, se llega a lo que en el siglo XXI se está proponiendo como la obra urbanística más importante de París, es decir el **Barrio Seine-Rive Gauche**, con el nuevo **Puente Charles de Gaulle**, el número treinta y siete de la ciudad con forma de ala de avión y sobre todo con la introducción de la Biblioteca Nacional de Francia.

BIBLIOTHÈQUE NATIONALE DE FRANCE - Inaugurada oficialmente el 17 de diciembre de 1996 por Jacques Chirac, pero en realidad la biblioteca la quiso su antecesor, François Mitterrand, durante la época de su segundo mandato.
La Bibliothèque Nationale de France, que los parisinos prefieren llamar TGB (abreviación de Très Grande Bibliothèque y que rima con el tren rápido TGV) se alza en el barrio Tolbiac. Ideada por el joven arquitecto Dominique Perrault, ocupa un área de unas ocho hectáreas. Las cuatro torres de las esquinas, parecidas a libros abiertos, tienen ochenta metros de altura y en su interior están los libros. La Biblioteca contiene los doce millones de volúmenes procedentes de la vieja sede de rue Richelieu, donde siguen estando los manuscritos y las ediciones más valiosas y raras.

Una vez pasado el boulevard Vincent Auriol encontramos el mayor complejo hospitalario de la ciudad, el **Hospital de la Salpêtrière**.
Antiguamente era un polvorín que Luis XIV mando adaptar en un hospital en 1684. Inmenso y majestuoso, precedido por un vasto jardín a la italiana. En el centro, la cúpula octagonal de la **capilla St-Louis**, superada por una linterna. El interior es bastante original: 4 naves colocadas

El patio interior de la Salpêtrière, que conoció tristes episodios durante la Revolución.

En una avenida del Jardin des Plantes, la estatua de Charles Eugène Potron. que representa a Bernardin de Saint-Pierre.

en cruz griega alrededor de un transepto. Además, en el hospital de la Salpêtrière estudió bajo la guía de Charcot, el joven Freud. El boulevard de l'Hôpital termina en el **pont d'Austerlitz**, en place Valhubert, cerrada en uno de sus lados por la **Gare d'Austerlitz** de 1869. Justo enfrente del puente encontramos la entrada principal del Jardin des Plantes.

JARDIN DES PLANTES - Su origen se remonta a 1626 cuando Hérouard y Guy de la Brosse, médicos de Luis XIII, crearon un «jardin royal des herbes medicinales» que fue abierto al público en 1650. Dieron nuevo impulso al enriquecimiento de las colecciones el primer médico de Luis XIV, Fagon, el botánico Tournefort y los tres hermanos de Jussieu que recorrieron el mundo en busca de nuevas plantas. Pero fue sobre todo con el gran naturalista Buffon que el jardín alcanzó su máximo esplendor; en efecto, agrandó el parque hasta el Sena, creó galerías, el laberinto, el anfiteatro. Durante la Revolución el jardín fue Museo Nacional de Historia Natural. Con el aporte y la infatigable labor de muchos eminentes estudiosos llegó a ser uno de los más ricos y variados museos del mundo.

Visita al jardín. Una vez atravesada la verja nos encontramos en seguida en el **Huerto botánico** dividido en vastos parterres por anchos senderos. Aquí se halla la **escuela de Botánica** con más de diez mil especies de plantas metódicamente clasificadas; el **jardín de Invierno** con plantas tropicales; el **jardín Alpino** con colecciones procedentes de regiones polares y de las montañas del Himalaya, los Alpes, etc.

MUSEO DE HISTORIA NATURAL - Se encuentra al otro lado del sendero de la izquierda y agrupa varias secciones: la de *Paleontología* (fósiles, animales prehistóricos, calcos de especies extinguidas), la de *Botánica,* la de *Mineralogía* (piedras preciosas, minerales, meteoritos), y las de las *colecciones cinegéticas del duque de Orleans.* En el pabellón de *Zoología* encontramos importantes esqueletos, conchas y animales embalsamados. Próximo a este pabellón además de los *Invernaderos* (con plantas procedentes de Sudamérica, Australia, etc.) se encuentra el *Laberinto* con plantas rarísimas entre las cuales se halla el cedro del Líbano plantado en 1734 por Bernard de Jussieu. También es interesante visitar las *Ménageries,* vastas jaulas con pájaros, fieras, elefantes, monos, etc.

MEZQUITA - Cerca del jardín, entrando por la place du Puits-de-l'Ermite, está la Mezquita, original rincón de Oriente en el corazón antiguo de París que no puede dejar de atraer la curiosidad de los turistas. Son de particular interés la **corte** de estilo hispano morisco, el **patio** inspirado en el de la Alhambra de Granada y la **sala de las plegarias**, adornada con preciosas alfombras. Fue construida entre 1922 y 1926.

ARÈNES DE LUTÈCE - En el número 49 de la rue Monge se encuentra la arena romana de la ciudad de París. No se sabe con exactitud cuando se erigió este monumento de origen galorromano, probablemente en torno a los siglos II y III. Fue destruida por los bárbaros en el año 280 y, descubierta en 1869, se restauró a principios del siglo XX y se adaptó para que fuese un parque. La arena funcionaba como anfiteatro para los juegos de circo y como teatro al mismo tiempo. La platea era de forma elíptica con 36 hileras de gradas, muchas de las cuales se perdieron.

ST-NICHOLAS-DU-CHARDONNET - Dedicada a San Nicolás, protector de los boleros, fue levantada en estilo barroco entre 1656 y 1709. En el exterior es bastante hermoso el portal lateral esculpido en madera siguiendo el diseño de Le Brun. **Interior**. De estilo jesuítico tiene tres naves con coro y deambulatorio y es bastante rico de obras de arte. En la primera capilla a la derecha, una obra de Corot representa el *Bautismo de Jesús;* en el deambulatorio, en la segunda capilla de la derecha está el *monumento funerario del sustituto procurador general Jérôme Bignon,* obra de Girardon.

El minarete de la Mezquita de París tiene 26 metros de altura e imita al de la Mezquita de Fez.

8° Itinerario

PLACE DE L'HÔTEL DE VILLE - En 1853 ya tenía su actual aspecto. De 1310 a 1830, su amplia extensión fue sede de ejecuciones capitales. El frente espacioso del edificio del Ayuntamiento (Hôtel de Ville) domina la extensión de esta plaza flanqueada por un lado por la rue de Rivoli y por el Sena por el otro.

HÔTEL DE VILLE

El viejo y glorioso Hôtel de Ville, hoy sede del Ayuntamiento, ocupa el lugar donde existía un edificio del siglo XVI, diseñado por Domingo de Cortona, construido en estilo renacentista pero destruido por un incendio en tiempos de la Comuna, en 1871. La actual construcción se inspira en el edificio desaparecido. Lo proyectaron Deperthes y Ballu y fue terminado en 1882. Consta de varios pabellones coronados por cúpulas piramidales con un verdadero bosque de estatuas diseminadas por todas partes. En sus cuatro fachadas hay ciento treinta y seis, y en una terraza se levanta la de Étienne Marcel, jefe de los comerciantes parisinos y promotor de los desórdenes que perturbaron la ciudad en el siglo XIV. En el interior del palacio, el 27 de julio de 1794 los soldados de la Convención arrestaron a Robespierre y a sus partidarios.

Rue St. Gilles

Rue de Turenne

Place des Vosges

Rue des Tournelles

Boulevard Beaumarchais

Rue Saint Antoine

La iglesia de St-Gervais-St-Protais en una antigua incisión.

ST-GERVAIS - ST-PROTAIS -

Dedicada a los santos Gervasio y Protasio, los dos hermanos martirizados en época de Nerón, la iglesia se levanta en una pequeña plaza en la parte posterior del Hôtel de Ville. Su construcción en gótico flamígero se inició en 1494 y se terminó en 1657. La **fachada** imponente en su clasicismo, levantada entre 1616 y 1621 por Métezeau (o por Salomón de Brosse según otra hipótesis crítica), tiene tres órdenes de columnas: dóricas, jónicas y corintias. **Interior**. Compuesta por tres naves sobre pilastras con transepto, coro, deambulatorio y capillas laterales. Hermosas las vidrieras del siglo XVI por encima de la nave y del coro. Sobre el portal central un órgano construido en 1601. Numerosas las obras de arte: una pintura de Sebastiano Ricci, la *tumba de Marcel Le Tellier*, canciller de Luis XIV, una hermosa pala de altar que representa la *Muerte de la Virgen*. En la **Chapelle Dorée,** de 1628, preciosos paneles pintados encajados en un revestimiento de madera. Adosada a una pilastra, una gótica *Virgen con el Niño* de piedra policromada.

RUE DES ARCHIVES - Esta calle, que desde la rue de Rivoli llega hasta el square du Temple, costea el viejo y aristocrático **barrio del Marais** que a principios del siglo XVII era un centro elegante y mundano. Aquí, en efecto, nació y se desarrolló el tipo de *hôtel* característico francés, que es un edificio clásico con jardín y patio. Cuando, más tarde, la moda y el «gran mundo» se trasladaron primero a la Île-St-Louis y luego a St-Germain, comenzó a declinar el barrio hasta ser completamente abandonado con la toma de la Bastilla. Actualmente el Marais, después de haber conocido un extraordinario lanzamiento arquitectónico y urbanístico, vuelve a ser el "salón bueno" de París, un elegante concentrado de ateliers de arte y de moda, de museos y de refinados restaurantes. En el número 22 está la **iglesia des Billettes** (1756) y en el número siguiente se puede visitar el único claustro medieval que se conserva en París. En el número 60, encontramos el **Hôtel de Guénégaud** levantado entre 1648 y 1651 por François Mansart y reestructurado en el siglo XVIII; de líneas simples, sobrias y esenciales encierra el **Musée de la Chasse**, lleno de colecciones de armas de caza de la prehistoria y nuestros días.

ARCHIVOS NACIONALES - Son los edificios más importantes de esta calle y los más ricos del mundo; contienen una colección de millones de documentos que permiten conocer la historia de Francia desde la época merovingia hasta hoy. Los archivos están ahora en el **Hôtel de Soubise** y en el **Hôtel de Rohan**.

HÔTEL DE SOUBISE - Se entra al palacio por el número 60 de la rue des Francs-Bourgeois y se pasa al patio de honor en forma de herradura desde donde se admira la fachada con las *estatuas de las Estaciones*. En el primer piso están los espléndidos departamentos del príncipe y de la princesa de Soubise, pinturas al fresco de los mejores pintores y esculturas de la época (Boucher, Van Loo, Lemoyne, Adams y otros). Los documentos aquí reunidos constituyen el **Musée de l'Histoire de France**. Entre otros se encuentra el acta de la fundación de la Sainte-Chapelle y de la Sorbona, el Edicto de Nantes y su sucesiva revocación, una de las seis cartas escritas por la Doncella Juana de Arco, el primer catálogo del museo del Louvre del 10 de agosto de 1793 y el testamento de Napoleón.

MUSEO PICASSO

La entrada al Museo Picasso, en el Hôtel Salé.

Inaugurado en 1985, el museo se halla en la rue de Thorigny en el Hôtel Salé, construido en 1656 por J. Boullier para Aubert de Fontenay, recaudador de impuestos (de aquí el nombre dado el edificio). Aquí se exponen los «Picassos de Picasso», es decir las esculturas y las pinturas de las que el gran pintor español, fallecido en 1973, no quiso separarse jamás; más de doscientas pinturas, 158 esculturas, 88 cerámicas, más de tres mil entre diseños, grabados y bocetos y además de un número incalculable de cartas, objetos, fotografías y manuscritos. Se ha trasladado también aquí la colección personal de Picasso, conservada hasta ahora en el Louvre: obras de Cezanne, Renoir, Braque, Modigliani, Matisse. Entre las numerosas obras expuestas el *Autorretrato azul* de 1901, las *Tres mujeres bajo un árbol,* pintado entre 1907 y 1908, el *Gran desnudo de la butaca roja,* la *Crucifixión* de 1930, la *Composición con mariposa* de 1932 que hasta ahora se creía desaparecida. Todas estas obras han sido donadas al Estado Francés por los herederos del genio español, para pagar los derechos de sucesión por las propiedades que Picasso había dejado en Francia.

HÔTEL DE ROHAN - Se entra por el número 87 de la calle Vieille-du-Temple y se comunica con el palacio anterior por un jardín sobre el que da la fachada principal del edificio. En el patio de la derecha, en las antiguas escuderías están los magníficos *Caballos de Apolo,* obra maestra de Robert Le Lorrain. Una escalinata conduce a los departamentos del primer piso. Entre los más interesantes son dignos de recordar el lujoso *Salon Doré* y el original *Cabinet des Singes* con decoraciones de Huet (1749-1752).

RUE DES FRANCS-BOURGEOIS - Es otra importante calle del lugar, denominada anteriormente rue des Poulies. En 1334 se fundaron allí «maisons d'aumône», casas donde se asilaban los ciudadanos exentos de contribuciones a causa de sus exiguos recursos y por lo mismo llamados «francs-bourgeois». La calle que desde la de los Archivos llega hasta la place des Vosges está también flanqueada por aristocráticos palacios. En el número 53 está la entrada posterior de **Notre-Dame-des-Blancs-Manteaux** (con su magnífico *púlpito de madera tallada* con incrustaciones de marfil, obra flamenca de 1749 en estilo rococó). Es también es interesante el **Hôtel Hérouet** o sea la residencia de Jean Hérouet, tesorero de Luis XIII, con su pequeña torre octogonal emergente de 1510. En el número 31, el **Hôtel d'Albret**, del siglo XVI pero restaurado en el siguiente, ostenta su bella fachada refaccionada en el siglo XVIII. Todavía en la esquina con la rue Pavée encontramos el **Hôtel de Lamoignon** erigido en 1594-98 para Diana de Francia (hija legitimada de Enrique II). Fue en 1688 alojamiento de Lamoignon, presidente del primer Parlamento de París. También lo ocupó Alphonse Daudet. El cuerpo principal del edificio está dividido por seis pilastras corintias con fachada hacia el patio. El palacio es actualmente sede de la **Bibliothèque Historique de la Ville de Paris**.

HÔTEL CARNAVALET - La entrada de este Hôtel, sede de uno de los más interesantes museos de la ciudad, se encuentra en el N. 23 de la Rue de Sévigné. El museo ocupa dos edificios unidos por un pasillo: el Hôtel Carnavalet y el Hôtel Le Peletier de Saint-Fargeau. El primero está considerado uno de los más hermosos de París, construido en 1544 de estilo renacimental enriquecido por la bella decoración plástica de Jean Goujon; fue reestructurado en 1655 por François Mansart que le levantó un piso y le dio su aspecto actual. En 1677 fue alquilado por la escritora Marie de Rabutin, más conocida como marquesa de Sévigné, y en el siglo pasado pasó a ser sede del homónimo museo que con documentos históricos raros de excepcional importancia ilustra la historia de París a través de personajes históricos, monumentos y costumbres desde Enrique IV hasta nuestros días.
Por el portal principal (siglo XVI, los *Leones* y la *Abundancia* en la clave de la bóveda son de Jean Goujon) se entra al patio en

El Hôtel Carnavalet como se presentaba a mediados del siglo XVIII.

Uno de los patios interiores del edificio.

cuyo centro se levanta la *estatua de bronce de Luis XIV* de Coysevox (1689). Tan sólo el cuerpo del fondo es gótico mientras que los *relieves de las Cuatro Estaciones* se orientan al Renacimiento y pertenecen a la escuela de Goujon.

MUSÉE CARNAVALET

S e llega al museo directamente por el patio hacia la derecha. Las primeras salas (de la 1 a la 4) están dedicadas a los primeros siglos de la historia de París, desde la época galo-romana hasta finales de la Edad Media (no hay que perderse el *tesoro de Nanterre*). Siguen seis salas consagradas a la ciudad durante el siglo XVI, con numerosas vistas de París, entre las que destaca una *Reunión galante* de escuela flamenca y una *Procesión de la Liga Católica sobre la Île-de-la-Cité* en 1593.
La vida parisina durante los reinados de Luis XIII y de Luis XIV está descrita en las primeras trece salas del primer piso; la ciudad se está rápidamente transformando y enriqueciendo, como nos lo demuestra, en las salas 19 y 20, el *Grande Gabinete* y la *Gran Cámara* provenientes del Hôtel de la Rivière de la place des Vosges, en el que trabajaron el arquitecto Le Vau y el pintor Le Brun.
Las otras salas que siguen (algunas ocupan el apartamento habitado durante veinte años por Madame de Sévigné) están dedicadas al París de los siglos XVII y XVIII, hasta el reinado de Luis XV. Interesantes las *Veinte Vistas de París* pintadas por Nicolas Raguenet, preciosas y fundamentales para el conocimiento urbanístico del París de aquella época (sala 29).
El primer piso se cierra con dos grandes secciones: la casa parisina en la época de Luis XV (boiseries procedentes del Hôtel de Broglie, del Hôtel Brulart de Genlis, del Hôtel de l'Aubespine etc., muebles y decoraciones de estilo ro-

Un interior del palacio y una bella herma dorada.

Jean Béraud: La Soirée (1880 aprox.).

caille) hasta la sala 48 y París y la casa parisina hasta el reinado de Luis XVI (*El Incendio de la Opera en el Palais Royal*, el *Puente de Neuilly* de Hubert Robert y, sobre todo en la sala 58 el *Salón* que el incisidor Demarteau encargó en 1765 a Boucher y a Fragonard) hasta la sala N. 64.

Las colecciones relativas al periodo revolucionario y a los dos últimos siglos han sido reagrupadas en los tres pisos del Hôtel Le Peletier de Saint-Fargeau. Las 12 salas del segundo piso contienen las colecciones revolucionarias más ricas y más importantes de toda Francia.

Entre las reliquias más interesantes se pueden recordar el *acta de acusación a Luis XVI* y la *llave del Templo* en el que fue encerrada la familia real, el *tocador* y la *silla* usada por María Antonieta en la Torre del Templo (sobre un estante hay frasquitos de perfume y una miniatura del Delfín que la reina realizó durante el cautiverio), el *plato para afeitarse* y las *cuchillas de Luis*, el *juego del bingo* y un *cuaderno de deberes del Delfín*. Además, un *modelo de guillotina* y el *folio con la llamada a la Sección de las Picas* que Robespierre estaba firmando cuando lo arrestaron (son todavía visibles las dos primeras letras del apellido y las manchas de sangre del tribuno). La visita continua en las salas 115-125 de la planta baja, con París en la época del Primer Imperio (*Retrato de Madame Récamier* de F. Gérard) hasta la Revolución de 1848 (*Retratos de los protagonistas de la época*).

Siguen, en el primer piso, las salas 126-147 que están dedicadas a la ciudad desde el Segundo Imperio hasta nuestros días. Una de las cosas más notables es la extraordinaria *decoración* de la Joyería Fouquet, realizada por Alfons Mucha en 1900 para la nueva tienda que el joyero Fouquet había abierto en el N. 6 de rue Royale. Y el *suntuoso conjunto decorativo de la sala de baile* que el pintor catalán José-Lluis-Sert concibió en 1925 para el Hôtel parisino de la familia de Wendel.

PLACE DES VOSGES

Perfectamente cuadrada, de 108 metros de lado está completamente encerrada por treinta y seis antiguos y característicos palacios con pórticos en la parte inferior y dos órdenes de ventanas. En el centro de la plaza, entre árboles y parterres, se levanta la *esta-*

Uno de los accesos a la Place des Vosges del siglo XVII.

Place des Vosges, corazón del Marais.

tua ecuestre de Luis XIII copia de la de P. Biard destruida durante la Revolución. La plaza ocupa el lugar del Hôtel des Tournelles donde en 1559 murió Enrique II durante un torneo. Fue proyectada por Enrique IV en 1607 y terminada en 1612. En el centro por el costado sur, se halla el lujoso **Pavillon du Roi** reservado a Enrique IV y enfrente el de la reina. En el N. 1 bis nació Madame de Sévigné, en el 21 vivió Richelieu, en el número 6 - el antiguo **Hôtel de Rohan-Guéménée** - vivió Victor Hugo entre 1832 y 1848. Hoy es el **Musée Victor Hugo** en el que se conservan sus recuerdos, los testimonios más importantes de su vida y unos 350 dibujos que indican la riqueza y la complejidad de su genio.

RUE SAINT-ANTOINE - Es la continuación de la rue de Rivoli hasta la Bastilla. Ampliada en el siglo XIV se convirtió en sitio de paseo y lugar de citas. Aquí, en 1559, Enrique IV organizó un torneo para celebrar la boda de su hija pero herido en un ojo por la lanza de su capitán de guardias escocesas Montgomery, murió poco después de ser llevado al Hôtel des Tournelles.

ST-PAUL - ST-LOUIS - Es otro gran exponente de iglesia de estilo jesuítico, el más antiguo después del convento de los Carmelitas. Fue levantado entre 1627 y 1641 y su modelo barroco se inspira en la iglesia de Jesús en Roma. La fachada es tan alta por la superposición de los órdenes de las columnas que cubren la cúpula, particularidad que se encuentra muy raramente (Dôme des Invalides, Sorbonne, Val-de-Grâce), y más tarde la cúpula permanecerá descubierta. **Interior**. Bastante luminoso, tiene una sola nave con capillas que comunican entre si. En el cruce con el transepto se levanta una hermosa cúpula con linterna en su cúspide. La iglesia conservaba numerosísimas obras de arte, lamentablemente muchas dispersadas por la Revolución; los relicarios que contenían los corazones de Luis XIII y Luis XIV por ejemplo fueron fundidos. En el transepto tres tablas del si-

La fachada de la iglesia de St-Paul-St-Louis.

121

El Hôtel de Béthune-Sully, de elegante fachada.

glo XVII representan *Escenas de la vida de San Luis*. La cuarta, que se perdió, fue sustituida por una de Delacroix (1827) que representa a *Cristo en el Huerto de los Olivos*. En la capilla, a la izquierda del presbiterio, se levanta una estatua de mármol de Germain Pilon (siglo XVI) que representa *La Dolorosa*.

En el número 62 de la rue St-Antoine se encuentra el **Hôtel de Béthune-Sully** construido en 1624 por Du Cerceau y que fue adquirido en 1634 por Béthune-Sully, ministro de Enrique IV. Hoy, en parte, es sede de la Administración Nacional de Monumentos Históricos. El **patio de honor** es uno de los más hermosos realizados en estilo Luis XIII; los frontones están decorados y las ventanitas esculpidas y enriquecidas con una serie de estatuas que representan los *Elementos* y las *Estaciones*.

PLACE DE LA BASTILLE

La rue St-Antoine termina aquí, en esta plaza famosa por los recuerdos revolucionarios. En ella se levantaba la maciza fortaleza que había mandado construir en 1370 Carlos V, terminada en 1382. Entre los personajes que fueron encarcelados destacan Cagliostro y Fouquet. La triste fortaleza pasó a ser el primero y más significativo objetivo de la insurrección popular estallada el 14 de julio de 1789, cuando setecientos mil parisienses enfurecidos marcharon contra lo que era considerado símbolo del absolutismo monárquico. La Bastilla, cuyo gobernador De Launey tenía bajo sus exclusivas órdenes 32 suizos y 82 inválidos, cayó en poco tiempo en manos del pueblo el gobernador asesinado y los prisioneros aquí encerrados (apenas siete) liberados. Al día siguiente comenzó el desmantelamiento de la fortaleza que terminó un año después. Una vez concluida la demolición se bailó largamente sobre los que habían sido los cimientos de la terrible Bastilla. En el centro de la plaza se levanta la **columna de Juillet** construida entre 1831 y 1840 para recordar a los parisienses muertos en las jornadas de julio de 1830. Sus cuerpos, junto a los de los caídos en 1848, están encerrados en el basamento de mármol y sus nombres grabados en el fusto de la columna. En la cúspide de la misma, a 52 metros de altura, se levanta el *Genio de la Libertad;* desde aquí se goza de una magnífica vista del barrio de Marais, de la Cité y de la colina de Sta. Genoveva.

OPÉRA-BASTILLE - Inaugurada simbólicamente el 14 de Julio de 1989, con la ocasión del bicentenario de la Revolución Francesa, la Opéra-Bastille fue proyectada por Carlos Ott, y se caracteriza por una fachada de cristal curvo, detrás de la cual encontramos el auditorio principal, con un capacidad de 2.700 personas y dotado de un palco rotatorio.

BIBLIOTECA DEL ARSENAL - Tiene su sede en el número 1 de la rue de Sully. En 1594 Sully mandó construir el edificio y a Philibert Delorme se debe la reconstrucción de la fachada. La biblioteca fue creada en 1757 por el ministro de guerra, marqués Paulmy d'Argenson, y enriquecida luego por el conde de Artois, el futuro Carlos X. Hoy la biblioteca tiene más de un millón y medio de volúmenes, 120.000 estampas, 15.000 manuscritos, numerosos códigos miniados e importantes documentos sobre la historia del teatro. Decoran las salas bellas pinturas del siglo XVIII y el departamento de Charles Nodier, que fue bibliotecario entre 1824 y 1844, es digno de visitarse.

HÔTEL DE SENS - En el número 1 de la rue du Figuier se halla este segundo ejemplar, después de Hôtel de Cluny, de gran residencia privada de la Edad Media. Levantado entre 1475 y 1507 como residencia de los arzobispos de Sens (de los que dependía el obispado de París hasta 1622) fue ampliamente restaurado en 1911 cuando pasó a ser propiedad de la ciudad de París. La fachada ha sido embellecida en sus esquinas con pequeñas torres cilíndricas, ventanas güelfas y lumbreras decoradas en estilo gótico flamígero. El portón ojival conduce al patio con una característica torre escalable. En el Hôtel de Sens tiene su sede la **Biblioteca Forney** rica de documentos técnicos y científicos y colecciones de *affiches*.

El Hôtel de Sens y la Colonne de Juillet, en el centro de la place de la Bastille; en el fondo, el moderno edificio de la Opéra-Bastille.

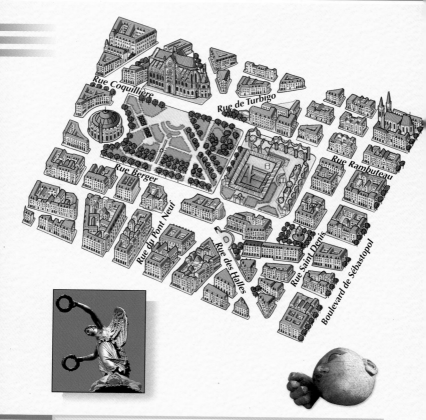

9° Itinerario

El Beaubourg y Les Halles

PLACE DU CHÂTELET - Recibe su nombre de una antigua fortaleza, Grand Châtelet, levantada para defender el vecino pont au Change y destruida bajo Napoleón I. El actual aspecto de la plaza se debe, en cambio, a Napoleón III. En el centro se levanta la **Fuente du Châtelet** (o de la Victoire o du Palmier) con su basamento de 1858 adornado con esfinges y estatuas. La columna, de 1808, fue levantada para celebrar las victorias de Napoleón I. Flanquean la plaza dos teatros obras de Davioud. A la derecha (de espaldas al Sena), el **Théâtre de la Ville** y a la izquierda el **Théâtre du Châtelet** que con sus 3.600 localidades es la sala más grande de la ciudad.

Elementos decorativos de la place du Châtelet y la Fuente como es actualmente y como la pintó en el siglo XIX Étienne Bouhot.

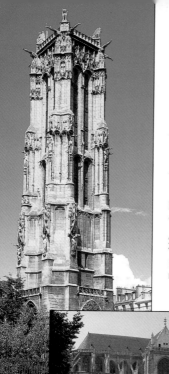

TOUR ST-JACQUES - Domina toda la plaza y es todo lo que queda de la antigua iglesia de St-Jacques-la-Boucherie, destruida en 1797. Levantada entre 1508 y 1522, tiene 52 metros de altura y pertenece al más puro estilo gótico flamígero. Estrechas ventanas se alternan con nichos terminados en agujas y pináculos con numerosas estatuas interpuestas. La estatua ubicada en la cima de la torre representa a *San Santiago Mayor* (Chenillon, 1870). La de *Pascal,* en la base de la torre bajo las bóvedas, recuerda sus experiencias barométricas de 1648. La torre es hoy sede de una estación climatológica.

ST-MERRI - En el N. 76 de la rue de la Verrerie se encuentra la entrada de la iglesia de St-Merri o St-Médéric que murió aquí en el siglo VII. Iniciada en 1520 se terminó en 1612. Es de un curioso estilo gótico flamígero. La **fachada** fue restaurada varias veces en los siglos XVII y XVIII; actualmente tiene un portal adorno con estatuas modernas y a su lado se levanta un campanario del siglo XVII. **Interior**. Tiene cuatro naves. Al igual que la fachada fue modificado varias veces bajo Luis XV. El arquitecto Boffrand y los hermanos Slodtz demolieron el «jubé», transformaron los arcos angulares en arcos de pleno centro, cubrieron las pilastras del coro con estucos dorados y mármoles. Quedan aún los bellos vitrales del siglo XVI en el transepto y en el coro y la bóveda nervada en el cruce con el transepto. Son también hermosas las obras de arte que encierra, un órgano del siglo XVII, una *Virgen con el Niño* de Van Loo y las tallas en madera de los hermanos Slodtz en el coro y en la sacristía.

FONTAINE DES INNOCENTS - Es una de las obras maestras del Renacimiento francés diseñada por Pierre Lescot y esculpida por Jean Goujon es la fuente más antigua de París. Fue edificada entre 1547 y 1550 con las formas de un tabernáculo cuadrado, cada una de sus partes se abría en clásicas arcadas ricas de bajorrelieves con ninfas, genios marinos, tritones y victorias. En un principio la fuente surgió en la esquina de la rue St-Denis con la actual rue Berger y por lo tanto, estando adosada al muro mostraba solo tres caras.

La Tour St-Jacques y la iglesia de St-Merri.

La Fuente de los Inocentes en su forma actual.

La cuarta fue esculpida por Pajou y fue añadida en 1788, cuando la fuente fue transportada al lugar donde se halla aún actualmente.

BOURSE DE COMMERCE - Antiguo mercado del trigo mandado construir en 1765 por el preboste de los mercaderes, la Bolsa se presenta hoy como un imponente edifico circular escandido por

Una vista de la Bourse de Commerce y la escultura L'Ecoute, de Henri de Miller.

un orden monumental de lesenas emparejadas. Las oficinas forman una corona alrededor de la grande sala interior protegidos por una cúpula de cristal y acero. La organización del área que va desde el edificio de la Bolsa a la iglesia de Saint-Eustache ha visto surgir modernísimas estructuras y espacios públicos enriquecidos con obras de arte contemporáneo, como *L'Ecoute* de Henri de Miller, una cabeza colosal que parece pegar la oreja a todo lo que sucede a su alrededor.

FORUM DES HALLES

L es Halles, el barrio más antiguo de París, el más animado, el más vivo, el que Émile Zola definió con la colorida expresión el «vientre de París»; de hecho, aquí surgía el mercado al por mayor de géneros alimenticios de la ciudad, diez pabellones de acero y hierro. Cuando en marzo de 1969 el mercado fue trasladado a Rungis, el barrio pareció perder de pronto toda su animación. Era necesario darle nueva vida, entonces comenzó la mayor transformación que haya tenido lugar jamás en el corazón de la ciudad. En una nueva concepción del espacio urbano donde antes la ciudad iba para alimentarse, surgía ahora una nueva forma de cultura y de comercio, el Forum, más de cuarenta mil metros cuadrados de vidrio y aluminio, escaleras de mármol y mecánicas, que se desarrollan sobre cuatro niveles subterráneos alrededor de una plaza cuadrangular al aire libre. Inaugurado el 4 de septiem-

Una imagen de Les Halles como era en el siglo XIX y como es hoy, con las modernas estructuras de vidrio y aluminio del Forum.

bre de 1979, con proyecto de los arquitectos Claude Vasconi y Georges Pencreac'h, se puede afirmar que en el Forum hay verdaderamente de todo: en el primer nivel boutiques de vestuario, de objetos de arte y de gastronomía; objetos para la casa; lugares de diversión, restaurantes, cines, bancos y centros de información.

Casi toda la superficie del centro comercial se asoma a una galería cubierta por grandes vidrieras por las que la luz del día penetra y se difunde a todos los niveles. Además, una estación suburbana con cuatro líneas de metro y dos de la RER.

BEAUBOURG (Centro Georges Pompidou)

Para la casi totalidad de los visitantes y de los turistas, el «Centro nacional de arte y de cultura Georges Pompidou» es hoy más simplemente el Beaubourg.

Situado entre la rue Rambuteau y la rue Saint-Merri y entre la rue St-Martin y la rue de Renard, el Beaubourg, con su atrevida arquitectura, forma parte ya de nuestra cultura y de nuestra civilización. En 1969, el entonces presidente de la República Georges Pompidou decidió dar vida a un importante centro cultural, en el área denominada «plateau Beaubourg». Se convocó un certamen internacional, en el que participaron cuarenta y nueve países con 681 proyectos; resultó ganador el proyecto de Renzo Piano y Richard Rogers. Fue comenzado en abril del 1972 e inaugurado por Giscard d'Estaing el 31 de enero 1977. El edificio, un «máquina urbana» como ha sido definido frecuentemente, ocupa un área de cien mil metros cuadrados. Con una idea revolucionaria, todas las estructuras que normalmente se hallan en el interior de un edificio, como escaleras mecánicas, ascensores, salidas de seguridad, canalizaciones verticales etc. han sido proyectadas en el exterior. Esta idea de evolución general de los espacios se proyecta también en el interior, cualquier expresión del arte contemporáneo forma parte de nuestra vida y debe ser accesible a todos en cualquier momento. El Beaubourg no hay que considerarlo como un museo donde se conservan obras de

arte, sino como un lugar de encuentro e intercambio entre los artistas y el público, entre el público y las cosas, en el que cada uno puede moverse libremente y acercarse a las principales expresiones del arte y de la cultura contemporánea. Citaremos algunos datos curiosos: el Beaubourg es más alto y más largo que el Partenón de la Acrópolis de Atenas (posee 42 metros de altura y 166 de longitud); pesa 15.000 toneladas de acero contra los 7.000 de hierro de la Torre Eiffel; cada tubo del exterior está pintado de un

Un detalle de la moderna arquitectura del Beaubourg.

Exterior del Centro Georges Pompidou.

color distinto, ya que cada color corresponde a una función diferente: el azul equivale a la instalación de la climatización, el amarillo a la instalación eléctrica, el rojo a la circulación y el verde a los circuitos del agua.

El edificio ha sido sometido, durante más de dos años, a imponentes obras de reestructuración interior, se han estudiado los espacios, se han vuelto a colocar las obras, se ha vuelto a estudiar el recorrido expositivo.

En el ámbito de esta nueva reorganización, la **Biblioteca Pública de Información** ocupa la parte norte del primer nivel, todo el segundo y una parte del tercero: todos pueden consultar gratuitamente los 350.000 documentos imprimidos por medio de sus 370 puestos multimediales.

El sexto nivel está ocupado por un restaurante y por varias exposiciones temporales, mientras que todo el cuarto y el quinto están consagrados al gran **Museo Nacional de Arte Moderno**.

MUSEO NACIONAL DE ARTE MODERNO - Se extiende sobre más de 14.000 metros cuadrados y puede exponer permanentemente 1.400 obras.

En el cuarto piso, que se abre con la gran obra de Jean Tinguely, se exponen las obras contemporáneas, es decir desde 1960 hasta nuestros días.

Las colecciones contemporáneas empiezan con el Pop Art americano de los años sesenta (obras de Andy Warhol, Claes Oldenburg, Roy Lichtenstein) y con el Nuevo Realismo (Raymond Hains, Tinguely, Niki de Saint-Phalle). Siguen todas las otras corrientes artísticas de la segunda mitad del siglo XX: arte cinética (Vasarely, Soto), arte pobre, arte conceptual, movimiento Cobra, Hiperrealismo, nuevas tendencias de la pintura figurativa. En el quinto piso se exponen las 900 obras que cubren el periodo comprendido entre principios del siglo XX y los años sesenta: el grupo de los Fauves (Derain, Vlaminck, Dufy, Matisse), los pintores alemanes del movimiento "Die Brücke" (Kirchner y Emil Nolde), el Cubismo (Picasso, Braque, Morandi, Gris), el movimiento Dada, el Surrealismo, el Abstractismo.

Sobre las terrazas del Beaubourg, también completamente reestructuradas, Renzo Piano ha creado espejos de agua sobre los que se reflejan las cercanas esculturas de Laurens, Calder y Mirò.

Además del Museo de Arte Moderno y de la Biblioteca Pública, el Centro Pompidou incluye otras dos departamentos, el del Desarrollo Cultural (con espectáculos vivientes, cine y audiovisuales) y el célebre IRCAM (Instituto para el Desarrollo y el Coordinamiento Acústico-Musical), situado bajo la Fuente de Igor Stravinsky y creado por el compositor Pierre Boulez para desarrollar las técnicas necesarias para la renovación de la composición musical moderna.

PLACE IGOR STRAVINSKY - Entre la place Georges Pompidou y la rue du Cloître Saint-Merri, se abre la place Igor Stravinsky, casi totalmente ocupada por una original y coloreadísima fuen-

te de Jean Tinguely, el escultor cinético que pertenece al grupo del Nouveau Réalisme, y de Niki de Saint-Phalle.

EL BARRIO DEL RELOJ - Al lado del Centro Pompidou, el moderno barrio peatonal del Reloj debe su nombre al célebre reloj de Jacques Monestier, instalado en 1979. Construido en bronce y acero, está accionado y programado electrónicamente. Cada hora un personaje armado con espada y escudo combate y derrota a tres animales que lo rodean y que simbolizan a tres elementos: Dragón-Tierra, Pájaro-Aire, Cangrejo-Agua.

La alegre fuente de place Stravinsky y debajo, una imagen del grande reloj llamado el "Defensor del Tiempo".

ST-EUSTACHE

Considerada la más hermosa iglesia de París después de Notre-Dame, St-Eustache se levanta a un costado de Les Halles. La suya fue una construcción particularmente lenta. Se colocó la primera piedra en 1532 pero sólo en 1637 se pudo considerar terminada la iglesia. Proyectada por Lemercier, combina de manera muy original la estructura gótica con la decoración renacentista. Se puede seguir el pasaje de los estilos especialmente en los flancos y en el ábside caracterizados por tres órdenes de ventanas, altas columnas, grandes arcos ascendentes y rosetones típicamente renacentistas.

Interior. Es muy imponente, mide 100 metros de largo, 44 de ancho y 33 de altura. Tiene cinco naves con transepto y coro. En la nave central las arcadas renacentistas a pleno centro están flanqueadas por columnas en haz; en cambio las bóvedas de la nave del coro y el transepto son de estilo gótico flamígero. En la parte superior de la entrada se encuentra el gran órgano (construido en 1844). En la iglesia se siguen realizando óptimos conciertos. En una capilla del coro está la *tumba de Colbert*, el famoso ministro

El ábside de la iglesia de St-Eustache, con la capilla de la Virgen.

de finanzas de Luis XIV. El sepulcro fue diseñado por Le Brun; Coysevox esculpió la *estatua de Colbert* y la de la *Abundancia* y Tuby la de la *Fidelidad*. En otras capillas se conservan obras de Rubens, de Lucas Giordano y del sienés Manetti.

RUE DE TURBIGO - Es la calle que del barrio de Les Halles conduce a la place de la République. Cruzando la rue Étienne Marcel se encuentra la **Tour de Jean-sans-Peur** actualmente incorporada a un edificio escolar (N. 20 de dicha calle). De forma cuadrangular, coronada por picos salientes (desde aquí se arrojaba aceite caliente) fue erigida en 1400 por Juan sin Miedo después del asesinato del duque de Orleans.

RUE ST-DENIS - Abierta en el siglo VII fue pronto la calle más rica de París. En efecto era la calle que recorrían los soberanos cuando entraban solemnemente en la ciudad y llegaban a Notre-Dame y era también la calle que atravesaban después de muertos para ser sepultados en Saint Denis.

ST-LEU - ST-GILLES - Está en el número 92 de la rue St-Denis. La iglesia se dedicó a dos santos del siglo VI, el obispo de Sens, Leu, y Gilles, un ermitaño procedente de Provenza. La construcción de la iglesia se remonta a 1320 pero a través del tiempo fue varias veces restaurada y modificada. La fachada tiene dos torres en cúspide. El campanario de la torre izquierda fue agregado en 1858. **Interior**. Bastante rico en obras de arte, tiene el techo gótico y el coro de estilo clásico es más elevado que la nave. Bellas son las claves de la bóveda, el grupo de mármol del siglo XVI que representa a la *Virgen y Santa Ana y* algunos bajorrelieves de alabastro, que están en la entrada de la sacristía procedentes del cementerio de los Inocentes.

ST-NICOLAS-DES-CHAMPS - Se levanta en la rue St-Martin otra calle que cruza la rue de Turbigo. Dedicada a San Nicolás, obispo procedente de Asia Menor en el siglo IV, reconstruida en el siglo XV y ampliada en los dos siglos siguientes. La fachada y el campanario, de un hermoso gótico flamígero, han sido restaurados. En el costado derecho se abre un espléndido **portal** renacentista (1581) cuyas formas hermosas reproducen posiblemente una puerta de palacio de Tournelles. Grandiosamente renacentista es también el ábside con sus amplios ventanales.

Al salir de la iglesia en el número 3 de la rue Volta, se encuentra la **casa más antigua de París**, del siglo XIII o XIV.

CONSERVATOIRE NATIONAL DES ARTS ET MÉTIERS - Se halla en el N. 292 de la rue St-Martin. Era antiguamente sede de la Abadía de St-Martin-des-Champs levantada en 1061 y reconstruida luego en el siglo XIII. El Conservatorio, creado en 1794, se instaló allí en 1799. De la antigua abadía quedan el refectorio y el coro mientras que el Conservatorio comprende una escuela y un museo. Se entra por el patio de honor y a la derecha está el **refectorio** del antiguo convento destinado hoy a biblioteca. El refectorio del siglo XIII es la obra maestra de Pierre de Montreuil. El **interior** está admirablemente dividido en dos naves con siete columnitas elegantes y esbeltas. El aula, de líneas góticas purísimas, es bastante amplia (43 m por 12). Los altos bíforos, las bóvedas ojivales, las proporciones perfectas, hacen de esta sala una verdadera joya. En el centro, a la derecha, se abre una puerta cuya parte exterior presenta encantadoras esculturas.

Desde el patio de honor por medio de una escalinata, se sube el **Musée des Arts et Métiers** cuyas máquinas originales, o sus modelos, documentan el largo camino de la técnica y de la industria. Las colecciones permanentes están expuestas en tres pisos siguiendo un recorrido temático; siete departamentos ilustran de forma global el largo camino recorrido por la ciencia: los instrumentos científicos, los materiales, la construcción, la comunicación, la energía, la mecánica, los transportes.

SQUARE DU TEMPLE - Antiguamente se levantaba aquí un vasto conjunto de edificios, sede de la orden religiosa y militar de los Templarios. Fundada en 1118 en Tierra Santa y radicada en París en 1140, la Orden de los Templarios alcanzó un desarrollo prodigioso. Independientes de la Corona, propietarios de todo el barrio de Marais y bastante poderosos financieramente, los Caballeros Templarios crearon en poco tiempo un verdadero y propio estado dentro del Estado. El 13 de octubre de 1307 Felipe el Hermoso mandó detener a todos los Templarios de Francia y en 1314 hizo quemar a su Gran Maestro, Jacques de Molay, y a otros caballeros. Suprimida la Orden sus edificios pasaron a los Hospitaliers de St-Jean-de-Jérusalem (antiguo nombre de los Caballeros de Malta). Arrojados también éstos por la Revolución, el Temple se convirtió en cárcel de la familia real. En efecto, el 13 de agosto de 1792, Luis XVI, María Antonieta, sus dos hijos y la hermana del rey fueron encerrados en la Torre del Temple, de 45 metros de altura con muros de 3 metros de espesor. Después de que los personajes reales fuesen ajusticiados, para evitar que el lugar se convirtiera en meta de peregrinajes monárquicos, en 1808 se decidió demoler la Torre y todo el recinto fue luego paulatinamente transformado en un mercado al aire libre, sobre todo de ropa usada (llamado **Carreau du Temple**). En 1857 Haussmann modificó la plaza dándole su aspecto actual y se creó el mercado cubierto.

PLACE DE LA RÉPUBLIQUE - La plaza de la República reordenada por Haussmann en 1854, es actualmente un congestionado nudo de tránsito. En el centro se levanta el **monumento de la República** erigido por Morice en 1883. Dalou esculpió en su pedestal grandes bajorrelieves de bronce que representan los importantes acontecimientos de la historia de la República.

PLACE DE LA NATION - Es la antigua place du Trône, así llamada por el monumental trono que se levantó el 26 de agosto de 1660 para recibir a Luis XIV y su esposa, la joven María Teresa a su entrada en París. Durante la Revolución el trono fue derribado y en su lugar se levantó la guillotina; la plaza fue entonces la place du Trône Renversé (plaza del trono derribado). Tomó el nombre actual en 1880 cuando se celebró el primer 14 de julio, fiesta nacional. Hoy la plaza, rodeada por parterres, ostenta en el centro una fuente con un grupo en bronce del *Triunfo de la República* esculpido por Dalon, destinado a la plaza de la República y erigido aquí en 1899. La avenue du Trône que parte de aquí está flanqueada por dos columnas levantadas por Ledoux y luego coronadas con las *estatuas de Felipe Augusto* y de *San Luis*. Por esta avenida, cours de Vincennes, se llega directamente a Vincennes el gran suburbio residencial de la ciudad, a su magnifico parque y a su espléndido castillo (v. pág. 146).

CEMENTERIO DE PÈRE-LACHAISE

Es el más grande-cementerio de París y también el más importante por las numerosas tumbas de personajes ilustres que custodia en su tranquilo recinto verde. La visita a las tumbas resulta casi un peregrinaje histórico a través de la pintura, la poesía, la filosofía. De hecho, aquí están las tumbas de literatos: *de Musset, Molière, La Fontaine, Alphonse Daudet,* la familia *Hugo, Beaumarchais, Paul Eluard, Oscar Wilde, Marcel Proust, Guillaume Apollinaire, Balzac;* músicos: *Chopin* (cuyo corazón está en Varsovia), *Bizet, Dukas, Cherubini;* pintores: *Géricault, David, Corot, Modigliani, Delacroix, De Nittis, Ingres, Daumier, Seurat;* filósofos y científicos: *F. Arago, Auguste Comte, Gay-Lussac, Allan Kardec* (el fundador de la filosofía espiritualista), *Abelardo y Eloisa;* políticos y militares: *Massena, Ney, Blanqui, Lecomte, Murat* y *Carolina Bonaparte;* actrices de teatro y cantantes: *Édith Piaf,* la bailarina *Isadora Duncan, Sarah Bernhardt, Adelina Patti* y *Jim Morrison* cantante del mítico grupo *Doors.*

La estatua de la República, en el centro de la homónima plaza.

10° Itinerario

GRANDS BOULEVARDS

Los grandes bulevares alcanzan una extensión de más de 4 kilómetros formando un amplio arco de círculo que abarca desde la plaza de la Bastilla hasta La Madeleine. Fueron ordenados en el siglo pasado por Haussmann, sobre el trazado de las viejas murallas de Carlos V - que se extendían desde la Bastilla hasta la puerta de St-Denis - y de los bastiones de Carlos IX y de Luis XIII que iban desde la misma puerta hasta La Madeleine, y que fueron demolidos a finales del siglo XVII. Tuvieron una gran importancia durante todo el siglo XIX y principios del XX cuando una muchedumbre elegante se reunía en los lujosos cafés, en las tiendas, en los teatros que se alineaban numerosos en las amplias avenidas. Hoy al carácter mundano se agrega otro más popular y bullicioso.

La Porte St Martin, que se encuentra en el homónimo boulevard y un detalle de la decoración del arco.

BOULEVARD ST-MARTIN - De la place de la République corre hasta la puerta San Martín. Se caracteriza por la presencia de numerosos cines y teatros entre otros el **Théâtre de la Renaissance** (1872) y el contiguo **Théâtre de la Porte St-Martin** (1781), famoso porque en él actuó siempre triunfalmente aplaudida, la gran Sarah Bernhardt, y Coquelin, en el personaje de Cyrano (1897).

PORTE ST-MARTIN - Es un arco triunfal de 17 metros de altura levantado por Bullet en 1674 para celebrar la toma de Besançon y la derrota de los ejércitos españoles, holandeses y germanos. Tiene tres cornisas con numerosos bajorrelieves esculpidos por Le Hongre, Desjardins, Legros y Marsy que representan la *Toma de Besançon* y la *Ruptura de la Triple Alianza*, en una cara, y la *Toma de Limbourg* y la *Derrota alemana,* en la otra.

PORTE ST-DENIS - Como la precedente, esta puerta tiene forma de arco triunfal con una sola cornisa de la misma altura y ancho (24 metros). Levantada en 1672 siguiendo el proyecto de Blondel, con esculturas de los hermanos Anguier, celebra las victorias de Luis XIV en Alemania, cuando en menos de dos meses el soberano francés conquistó cuarenta plazas fuertes. Bastante hermosos son los bajorrelieves alegóricos que representan a *Holanda* y el *Rhin.*

La amplia avenida continúa luego en el **Boulevard-de-la-Bonne-Nouvelle**. Por una escalinata que baja a la izquierda se llega a la **iglesia de Notre-Dame-de-Bonne-Nouvelle** cuyo campanario es todo lo que queda de un santuario mandado construir por Ana de Austria. En el interior además de una hermosa *estatua de la Virgen* (siglo XVIII) se custodian dos originales tablas del siglo XVIII, atribuidas a Mignard: *Enriqueta de Inglaterra y sus tres hijos ante San Francisco de Sales* y *Ana de Austria y Enriqueta de Inglaterra.*

Después del **Boulevard Poissonnière** encontramos el **Boulevard Montmartre**, uno de los más caóticos que desde la rue Montmartre llega al boulevard des Italiens. En el número 10 del boulevard Montmartre se encuentra el **Museo Grévin**, fundado en 1882 por el caricaturista Grévin. Verdadero templo de la magia, este museo guarda las efigies de cera de los personajes más famosos de la historia antigua y contemporánea así como escenas famosas. Cerca del Museo, en el número 7, el **Théâtre des Varietés** de 1807, es el reino del vaudeville y de la opereta donde se representaban numerosas obras de Offenbach, de Tristan Bernard, de Sacha Guitry.

BOULEVARD DES ITALIENS - En el periodo del Directorio se inició el verdadero esplendor de este boulevard, esplendor que perduró hasta el Segundo Imperio. Grandes financieros, famosos periodistas e ilustres literatos frecuentaban el *Café Anglais*, el *Café Tortoni*, el *Café Riche* este último ya desaparecido y sustituido en el número 16 por la Banque Nationale de Paris.

OPÉRA-COMIQUE - Surge al final del boulevard sobre la place Boieldieu y fue reconstruido por Bernier en 1898, después de dos incendios. Se representaban aquí, en el pasado, en especial «óperas cómicas» del repertorio italiano: Mascagni, Rossini, Leoncavallo.

RUE LAFAYETTE - Nace en el boulevard Haussmann en la esquina donde están situadas las Galerías Lafayette (uno de las mayores «grandes almacenes» de la ciudad). En el cruce con la rue Le Peletier, el 14 de enero de 1858 se produjo el atentado de Félix Orsini contra Napoleón III.

BOULEVARD HAUSSMANN - Está dedicado al barón G. E. Haussmann que renovó en gran parte el aspecto de la ciudad y fue prefecto del Sena entre 1853 y 1870. La amplia avenida se inició en 1857 y fue terminada en 1926. En el N. 26 está la casa que entre 1906 y 1919 ocupó Marcel Proust.

CHAPELLE EXPIATOIRE - Esta capilla expiatoria se encuentra en el square Luis XVI, sumergida en un verde y tranquilo jardín. Aquí en 1722 existía un pequeño cementerio donde estaban sepultados los suizos caídos el 10 de agosto de 1792 en las Tullerías y las víctimas de la guillotina (unas 1.343) entre ellas Luis XVI y María Antonieta cuyos cuerpos fueron trasladados el 21 de enero de 1815 a St-Denis. La capilla encargada por Luis XVIII a Fontaine que se levantó entre 1815 y 1826. La preceden un claustro y un pequeño jardín

El interior de la cúpula de las Galerías Lafayette que se apoya sobre diez pilares metálicos.

El exterior de la capilla a la que según la tradición se llevaron los cuerpos de Luis XVI y de María Antonieta.

y a la derecha están las *tumbas de Carlota Corday* y *de Felipe Igualdad*. En el interior de la Capilla se levantan dos grupos de mármol, uno, obra de Bosio, (1826) representa a *Luis XVI* y el otro, de Cortot (1836), representa a *María Antonieta confortada por la religión* que tiene el rostro de la hermana del rey, Isabel.

PLACE ST-AUGUSTIN - Se abre en el cruce del boulevard Haussmann y el Malesherbes dominada por la imponente mole de la **iglesia St-Augustin** construida por Baltard entre 1860 y 1871 en un curioso estilo entre bizantino y renacentista. Aquí se utilizó por primera vez en una iglesia un armazón metálico. En 1886 se convirtió aquí Charles de Foucauld.

MUSÉE JACQUEMART-ANDRÉ - Está en el número 158 del boulevard Haussmann desde finales del siglo XIX en un palacio cuya propietaria Madame Nélie Jacquemart-André dejó en 1912 al Instituto de Francia. En el museo hay numerosas colecciones del siglo XVIII europeo y del Renacimiento italiano. En la planta baja, pinturas y dibujos de Boucher, Chardin, Watteau y esculturas de Houdon y Pigalle ilustran la época de Luis XV mientras que el siglo XVII y el XVIII europeos están altamente representados por Canaletto, Murillo, Rembrandt, etc. y entre los italianos desde Botticelli hasta las cerámicas de Della Robbia, de las esculturas de Donatello a las grandes telas del Tintoretto y Paolo Uccello.

Dos decoraciones urbanas típicamente parisinas: la llamada "Columna Morris" quiosco circular con cúpula en forma de bulbo sobre la que se pegan los carteles teatrales o anuncios publicitarios y la entrada de una estación del metro de Hector Guimard.

CATEDRAL ORTODOXA RUSA ST-ALEXANDRE NEWSKY - Se encuentra en el N. 12 de la rue Daru y fue levantada en 1860 en el estilo neo-bizantino de las iglesias moscovitas. En el interior ostenta muchas estatuas doradas, iconos y pinturas al fresco.

PARC MONCEAU - Con su entrada principal por el boulevard de Courcelles, se abre este espléndido jardín, centro de un barrio exclusivo y elegante. Fue diseñado por el pintor Carmontelle en 1778 para el duque de Orleans. El 22 de octubre de 1797 aterrizó allí el primer paracaidista del mundo, Garnerin. En 1852 el financiero Péreire mandó construir en el parque dos espléndidos palacetes; luego el ingeniero Alphand destinó una parte del parque a jardín público a la inglesa (ruinas, templates, un laguito, rocas artificiales). A la entrada se encuentran el **Pavillon de Chartres**, una rotonda sobre columnas obra de Ledoux y la **Naumaquía,** un estanque ovalado rodeado de columnas procedente de un mausoleo de Enrique II en St-Denis nunca terminado.

MUSÉE CERNUSCHI - Tiene su entrada en el número 7 de la avenue Velasquez. Era la residencia del banquero Cernuschi quien en 1896 lo dejó en su testamento a la ciudad de París junto a las obras de arte oriental que había coleccionado. Importantes son las terracotas del periodo neolítico, los bronces y los jades que conserva. Destacan una hermosísima estatua de un *Bodhi-sattva sentado,* de piedra, del siglo V y algunas apreciables pinturas antiguas como el *Caballo y palafreneros,* verdadera obra maestra del periodo Tang, de seda, del siglo VIII.

MUSÉE NISSIM DE CAMONDO - Este museo en el N. 63 de la rue de Monceau, ocupa la residencia del conde Camondo que en 1936 dejó el palacio y sus colecciones del siglo XVIII en memoria de su hijo Nissim muerto en la guerra. El museo es un espléndido y cuidado ejemplo de cómo debía ser una residencia elegante de la época Luis XVI. Se conservan en él, muebles firmados, piezas de joyería y platería, espléndidos servicios de mesa, telas de Guardi, Jongkind, Vigée-Lebrun.

PLACE DE CLICHY - Esta plaza animada siempre por gente y tránsito, fue teatro en 1814 de encarnizados combates entre tropas rusas (que con otros aliados habían penetrado en París y vivaqueaban en los Campos Elíseos) y el mariscal Moncey a quien se le erigió después el monumento que se levanta en el centro de la plaza.

De aquí parten el boulevard de Clichy y el boulevard de Rochechouart que rodea toda la colina de Montmartre.

MONTMARTRE

Ha sido y sigue siendo uno de los lugares más pintorescos y curiosos de la ciudad. Se levanta sobre una colina calcárea de 130 metros de altura donde, según la leyenda, hacia el año 250 fue decapitado San Dionisio, primer obispo de París, junto a sus camaradas Eleuterio y Rústico. De ahí que, según algunos, se la llamara «Mons Martyrum», dando lugar a su actual denominación. Por su posición estratégica, de aquí se domina todo París, Montmartre ha desempeñado un papel importante en la historia política de la ciudad. De hecho, desde aquí salió en marzo de 1871 la chispa que conduciría a la Comuna. Durante todo el siglo XIX Montmartre fue la meta de todos los artistas bohemios y conservó durante mucho tiempo la supremacía literaria y artística de la ciudad.

Una imagen nocturna del Moulin-Rouge, el local en el que nació el cancan.

CEMENTERIO DE MONT-MARTRE - Se entra por la avenue Rachel. Erigido en 1795 contiene las tumbas de numerosos personajes famosos: pintores como *Fragonard, Degas* y *Chassériau,* escritores como *Téophile Gautier, Edmond* y *Jules de Goncourt, Stendhal, Émile Zola, Alexandre Dumas* (hijo), *Henrich Heine;* músicos como *Héctor Berlioz, J. Offenbach* así como también el comediógrafo *Labiche* y el dramaturgo *Giraudoux,* los actores *Sacha Guitry* y *Louis Jouvet,* el célebre bailarín ruso *Nijinsky* y la famosa *Alphonsine Plessis* más conocida como la «Dama de las Camelias».

PLACE BLANCHE - Se abre al pie de la colina de Montmartre y debe su nombre a las antiguas calles de yeso que por allí pasaban. Está dominada por las largas aspas del **Moulin-Rouge,** fundado en 1889, que conoció en su escenario el arte de Jane Avril, de Valentin le Désossé, de La Goulue y vio nacer el cancan que Toulouse-Lautrec inmortalizó en sus telas.
Siguiendo desde aquí por el boulevard de Clichy flanqueado por numerosas y modernas salas de cine y de cervecerías se llega a la **Place Pigalle,** animadísima por la noche cuando sus locales nocturnos encienden millones de luces. También el **Boulevard de Rochechouart** que parte de aquí, ofrece infinidad de lugares de diversión: el dancing de la *Boule-Noire* en el N. 120 o la *Taverne Bavaroise* anexa. En 1881 se fundó en el N. 84 el famoso cabaret del **Chat-Noir** tantas veces recordado en las canciones de Aristides Bruant.

ST-JEAN-DE-MONTMARTRE - Se encuentra enfrente del square Jehan-Rictus, terminada en 1904 por Baudot, es interesante por ser la primera iglesia de París construida en cemento armado, llamada por las gentes del lugar St-Jean-des-Briques (de los ladrillos) a causa de su revestimiento exterior.

BATEAU-LAVOIR - Por la rue Ravignan se llega a la pequeña place Émile-Goudeau; aquí, lamentablemente destruida por un incendio en 1970, se levantaba una pequeña construcción de madera, el Bateau-Lavoir que había visto nacer hacia 1900 la pintura y la poesía modernas. Aquí trabajaron Picasso, Braque Gris (Picasso pintó *Les Demoiselles d'Avignon,* obra que señaló el nacimiento del cubismo) y mientras éstos subvertían los cánones de la pintura tradicional, Max Jacob y Apollinaire hacían otro tanto con la poesía.

RUE LEPIC - Está calle nace en la place Blanche y asciende tortuosa hacia la cumbre de la colina. En otoño por sus rípidas curvas se realiza una carrera de automóviles de época. En el número 54 habitó Vincent van Gogh con su hermano Théo y cerca de aquí se encuentra el famoso **Moulin de la Galette** uno de los 30 últimos molinos de veinte que inspiró a Renoir y a Van Gogh.

SACRÉ-CŒUR

Se yergue majestuosa sobre la cumbre de la «butte» (colina) Montmartre. Levantada en 1876 gracias a una colecta popular, fue consagrada en 1919. Sus arquitectos (entre ellos Abadie y Magne) la construyeron en un curioso estilo mezcla de románico y bizantino. Típicamente orientales son en efecto, las cuatro cúpulas menores y la mayor que se yergue sobre el alto tambor. En su parte posterior un campanario cuadrado (84 metros de altura) sostiene la **«Savoyarde»**, famosa campana de 19 toneladas, una de las más grandes del mundo. Por una imponente escalinata se llega a la fachada de la

La grande escalinata que da acceso a la basílica del Sagrado Corazón y una de las dos estatuas ecuestres que están delante del pórtico de la basílica.

iglesia y al pórtico de tres arcadas que la precede; por encima aparecen las *estatuas ecuestres del rey Luis el Santo* y de *Juana de Arco*.

Interior. Es bastante amplio y por su decoración plástica, pictórica y musiva alcanza un esplendor sin igual. Desde aquí se puede descender a la cripta o ascender hasta la cima de la cúpula desde donde se admira el panorama de París y sus alrededores.
Para admirar la blanca cúpula de la iglesia desde un ángulo más sugestivo basta descender a la place St-Pierre, con el funicular o por las rampas de la escalinata.

El grande mosaico del coro en el interior del Sagrado Corazón y una sugestiva vista nocturna de la basílica.

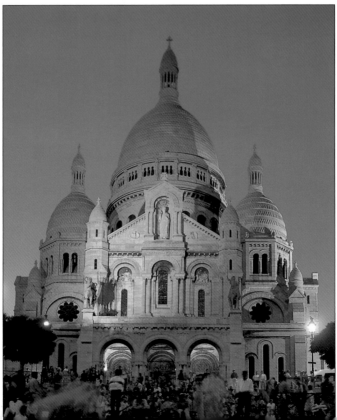

ST-PIERRE-DE-MONTMARTRE - Es lo que queda de la abadía de las monjas benedictinas de Montmartre, iniciada hacia 1134 y terminada a finales del mismo siglo XII. Su fachada fue restaurada casi totalmente en el siglo XVIII. **Interior**. En la fachada interior de la iglesia hay cuatro columnas procedentes de un templo romano que se levantaba en su lugar. Tiene tres naves sobre pilastras, transepto y tres ábsides. En la nave de la izquierda está la *tumba de Adelaida de Saboya,* esposa de Luis el Gordo y fundadora de la abadía.

PLACE DU TERTRE

Esta antigua plaza municipal, con sus verdes árboles, es el corazón de Montmartre por el calor y el colorido que la anima y le da vida. Colmada de pintores y de una muchedumbre cosmopolita, vive sus horas mágicas especialmente de noche cuando los locales que la circundan se llenan de gente y de luces y el pequeño espacio libre del centro se llena de artistas que trabajan, poco para si mismos, mucho para los turistas.

«AU LAPIN AGILE» - Si descendemos por la rue Norvins, llegamos a la hermosa y empinada rue des Saules. En sus cercanías vivieron célebres exponentes del mundo pictórico parisino entre ellos Suzanne Valadon y Utrillo. En la esquina con la rue Saint Vincent, semi oculto por una acacia está el cabaret rústico «Au lapin agile», originariamente llamado «Cabaret des Assassins». Su nombre actual se debe al emblema pintado por André Gill. Muy frecuentado entre 1908 y 1914 por pintores y poetas sin dinero pero que se hicieron bien pronto famosos, es todavía escenario de veladas literarias.

Place du Tertre y su mundo de pintores "en plein air".

Algunas torres del barrio de La Défense y una imagen de la Grande Arche.

LA DÉFENSE

El complejo urbanístico de La Défense, concebido como una gigantesca área de 130 hectáreas destinadas a transacciones comerciales, nació en 1955 en la zona que constituye la prolongación del puente de Neuilly. Los edificios se levantan en torno a una inmensa superficie reservada a los peatones, con una longitud de 120 metros y un ancho de 250, que baja poco a poco hasta el Sena, bajo la cual pasan todas las vías de comunicación. Entre las imponentes construcciones modernas caracterizadas por formas geométricas puras, destaca el Palacio del CNIT (Centro Nacional de las Industria y de las Técnicas) que alberga actualmente salas para conferencias, amplios espacios para ferias, un hotel, numerosas tiendas y restaurantes. Construido por los arquitectos Zehrfuss, Camelot y Mailly de velas de cemento, posee una forma atrevida que representa una concha del revés apoyada sólo sobre 3 puntos de sujeción.

LA «GRANDE ARCHE» - Proyectada en 1982 por el danés Otto von Spreckelsen e inaugurada en el mes de Julio de 1989, la Grande Arche se compone de dos torres con 105 metros de alto unidas en la parte más arriba por un travesaño. En el centro de la estructura revestida con mármol de Carrara y cristales está colgada una especie de cortina llamada «Nube».

La Nueva Arquitectura de París: La Défense y La Villette

LA VILLETTE

El parque de La Villette (con sus 35 hectáreas de extensión) acoge, desde el 13 de marzo de 1986, fecha del último paso del cometa Halley, la **Cité des Sciences et de l'Industrie.**
Tiene su sede la "Géode", la sala más grande de proyección del mundo, la "Grande Halle", una de las más hermosas arquitecturas de metal del siglo XIX, la sala para espectáculos llamada "Zénith".
Además, dentro de La Villette encontramos la **Cité de la Musique**, con el Musée de la Musique de reciente construcción y consagrado a la historia de la música europea desde el Renacimiento hasta nuestros días.

MUSÉE DE LA MUSIQUE - El recorrido museográfico está organizado de forma cronológica con nueve temas, cada uno de ellos representa una obra musical que representa a su periodo, con la partitura de la obra, el conjunto instrumental, su ambientación: el *Orfeo* de Claudio Monteverdi, el *Dardano* de Jean-Philippe Rameau, la *Sinfonía Parisina* de Mozart, la *Sinfonía Fantástica* de Berlioz, *Robert le Diable* de Meyerbeer, *Parsifal* de Wagner, la *Sinfonía n. 3* de Saint-Saëns, la *Fiesta de la Primavera* de Igor Stravinsky y la *Ex-position* de Mauricio Kagel.
La segunda parte del museo está dedicada a los instrumentos y a su fabricación. Entre los ejemplares más hermosos y significativos expuestos destacan los violeros venecianos del siglo XVII, los preciosos violines entre los que destaca una Stradivari que perteneció al celebre español Sarasate, un Guarneri del Gesù, un arpa que perteneció a la princesa Lamballe.
El siglo XX está representado, entre otras cosas, por el sintetizador de Frank Zappa.

La esfera de acero de la Géode en La Villette.

BOIS DE BOULOGNE

Situado al oeste de París, casi opuesto al parque de Vincennes, el Bois de Boulogne con sus prados, lagos, cascadas, jardines abarca una extensión de 845 hectáreas. Desde la época merovingia era una enorme floresta llamada floresta du Rouvre por el nombre de un roble que predominaba en la vegetación. En el siglo XIV se levantó allí una iglesia llamada Notre-Dame- de-Boulogne-sur-mer y poco a poco el nombre de Boulogne sustituyó al de Rouvre. El bosque sirvió de refugio y de guarida a aventureros y bandidos, tanto que Enrique II en 1556 lo circundó de una alta muralla con ocho puertas. Fue ordenado primero por Colbert, luego Luis XIV mandó abrir las puertas al público y el bosque comenzó a ser lugar de paseo. Arruinado y devastado en 1815 por los ejércitos inglés y ruso que lo utilizaron para acampar, fue donado a la ciudad por Napoleón III quien encargó a Haussmann acondicionarlo y readaptarlo y se transformó de esta forma en un amplio parque inspirado en el londinense Hyde Park que el emperador había admirado. Hoy encierra lagos (**Lac Supérieur** y **Lac Inférieur**), cascadas (la **gran Cascada**), parques (magnifico el de **Bagatelle** con sus dos palacetes **Château** y **Trianon**), museos (**Musée des Arts et Traditions populaires**) y famosas instalaciones deportivas (**Hipódromo de Longchamp** donde cada año se corre el grand Prix y los campos de carreras de **Auteuil**).

VINCENNES

Vincennes fue llamada la «Versalles de la Edad Media» y su historia está directamente ligada a la de Francia. El bosque de Vincennes fue adquirido en el siglo XI por la Corona y Felipe Augusto mandó construir un castillo al que Luis IX añadió la Chapelle. La fortaleza, obra de los Valois, fue iniciada por Felipe IV en 1334 y terminada bajo Carlos V en 1370; en esta época se construyeron el **donjon** (torreón) parte de la Chapelle y las murallas. En 1654 Mazzarino (gobernador de Vincennes desde hacía dos años) encargó a Le Vau que levantara los dos pabellones simétricos del Rey y de la Reina. A principios del siglo XVI (hasta 1784) el rey prefirió Versalles a Vincennes y el torreón (donde antes vivía) se convirtió en prisión de Estado. En 1738 era una fábrica de porcelanas (trasladada a Sèvres en 1756), después Napoleón I la transformó en un poderoso arsenal; en 1814, bajo el gobernador general Daumesnil, ofreció heroica resistencia a los aliados. Sufrió algunas modificaciones bajo Luis Felipe que lo transformó en baluarte para la defensa de la ciudad y Viollet-le-Duc comenzó su restauración por encargo de Napoleón III. Desgraciadamente, el 24 de agosto de 1944, el castillo sufrió daños, los alemanes estallaron parte de las fortificaciones e incendiaron los pabellones del Rey y de la Reina.

El **castillo** tiene la forma de un gran rectángulo circundado por un profundo foso y poderosos muros, cuyas torres aparecen ahora troncadas. La torre de entrada, la **Tour du Village,** es la única que junto al torreón se conserva entera. Tiene 42 metros de altura y aunque haya perdido las estatuas que decoraban la fachada exterior, muestra aun restos de decoración gótica sobre el portal. Sobre el costado oeste se levanta el magnifico **donjon,** que en sus líneas poderosas pero elegantes resume todo el arte militar del si-

Los Bois de París: Boulogne y Vincennes

glo XIV. La torre de 52 metros de altura está cerrada en sus ángulos por cuatro pequeñas torres semicirculares. También lo rodean una muralla y un foso; un camino de ronda cubierto corona todo el cerco. El lado opuesto a la entrada, presenta una torre en el centro **(Tour du Bois),** abatida por Le Vau y transformada en entrada de honor. En el foso de la derecha, al pie de la Tour de la Reine, hay una columna que indica el lugar exacto donde el 20 de marzo de 1804 fue ajusticiado el príncipe de Condé, duque de Enghien, acusado de conspirar contra el Primer Cónsul. El último lado presenta cinco torres todas ellas cortadas.

LA CHAPELLE - Fue iniciada bajo Carlos V en 1387 y terminada en tiempos de Enrique II hacia 1522. Construida en estilo gótico flamígero, perforan su fachada rosetones de piedra y delicados recamos. La aguja desgraciadamente se perdió. **Interior**. De una sola nave, está iluminada por ventanales en cuya base se desliza un elegante friso. Los vitrales muy restaurados pertenecen a la mitad del siglo XVI y representan *Escenas del Apocalipsis.* En el coro, en una capilla está la *tumba del duque de Enghien.*

Enfrente de la capilla se levanta el **torreón** que en 1934 fue convertido en museo histórico. Las tres plantas que lo componen encierran recuerdos del rey y de los personajes que lo habitaron. Las tres plantas tienen la misma disposición, se componen de una amplia sala abovedada con una columna en el centro y cuatro pequeñas habitaciones en los ángulos, primero destinadas a uso privado y luego convertidas en celdas. Siempre en el patio están los dos pabellones del Rey y de la Reina. En el primero a la derecha murió Mazzarino en 1661; el segundo es hoy sede del Servicio Histórico de la Marina.

BOIS DE VINCENNES - El bosque que, con su extensión de 995 hectáreas, es el más amplio de París fue donado a la ciudad por Napoleón III para ser transformado en parque público. En la parte oriental de su vasta extensión se encuentra el **Lac de Minimes** embellecido por tres pequeñas islas; próximo a él el **templete indochino** levantado en memoria de los vietnamitas muertos durante la primera guerra mundial; en el N. 45 de la avenue de la Belle Gabrielle se encuentra el **Jardin Tropical** y el **Parc Floral,** que durante todo el año ostenta centenares y centenares de especies de flores; tiene también un rico **exotarium** con peces y serpientes tropicales.

ZOO - Su entrada principal da sobre la avenue Daumesnil. Es uno de los jardines zoológicos más hermosos y más extensos de Europa; tiene una superficie de 17 hectáreas y aloja unos 600 mamíferos y 700 pájaros. Una enorme roca (72 m de altura) está destinada a los antílopes.

13° Itinerario

Antoine Coysevox: busto de Luis XIV.

El castillo de Versalles, como lo había ideado J.H.Mansart en un cuadro de la primera mitad del siglo XVIII.

La fuente central del palacio se asoma sobre el Parterre de agua.

Una vista del salón de Venus. A la derecha, la estatua de Luis XIV de Jean Warin.

HISTORIA - Situado a unos 20 Km. al sudoeste de París, Versalles en época de Luis XIII no era más que un modesto refugio de caza levantado en 1624 y constituido por un simple edificio cuadrado en cuyo centro estaba la actual Cour de Marbre. La erección del gran Versalles se debe a Luis XIV que, a consecuencia de los acontecimientos de la Fronda, prefirió abandonar París y transformar el simple castillo de caza de su antecesor en un palacio real digno del espléndido soberano que aspiraba a ser. En 1688, Le Vau duplicó el primitivo edificio dotándolo de una amplia fachada en el lado que mira al parque. Los trabajos de transformación del palacio se prolongaron durante mucho tiempo bajo la dirección de los arquitectos Hardouin-Mansart y Le Nôtre quien se ocupó sobre todo de la planificación de los grandiosos jardines. El 6 de octubre de 1789, la familia real volvió a París en su carroza dorada después de que una caravana de mujeres de los mercados hubiese marchado sobre Versalles en una demostración sin precedentes. Privado de su corte principesca el castillo cayó en un estado de casi total abandono y fue despojado de numerosas obras de arte por los numerosos saqueos, hasta que en 1837 Luis Felipe lo restauró y lo transformó en museo de historia francesa. En 1870, Versalles ocupado por los alemanes presenció la coronación de Guillermo de Prusia como emperador de Alemania. Finalmente en 1875 se proclamó en Versalles la República y en 1919 se firmó el tratado de paz con Alemania que ponía fin a la primera guerra mundial.

PALACIO - Por la puerta de honor (que bajo Luis XIV se abría todas las mañanas a las 5.30) se entra al primer patio llamado **Cour des Ministres** en cuyo fondo se levanta la estatua ecuestre de Luis XIV (1835, de Cartellier y Petitot) y rodeado además por dos largos edificios denominados **Alas de los Ministros**; en el segundo patio, la **Cour Royale**, tenían acceso las carrozas de la familia real; también está flanqueado a la derecha por el **Ala Gabriel** o **Ala Luis XV** y por el **Ala Vieja** a la izquierda; el último patio, la **Cour de Marbre**, está circundado por el primer núcleo del castillo de Luis XIII, de ladrillos rojos alternados con piedras blancas. Las tres ventanas del balcón central eran las de la cámara del rey y desde allí el 1 de septiembre de 1715, a las 8.15 de la mañana se anunció la muerte de Luis XIV y setenta y cuatro años después, Luis XVI se asomaba al mismo balcón para tranquilizar al pueblo que lo reclamaba en París. De la Cour Royale, por una arcada, se llega a la **fachada occidental** del palacio, la más famosa y también la más hermosa. Tiene una extensión de 580 metros de frente y se abre sobre armónicos jardines. Le Vau realizó el emergente cuerpo central y Hardouin-Mansart las dos alas que retroceden elegantemente. Cada cuerpo consta de dos órdenes: el inferior con arcadas almohadilladas y el superior, de pilastras con soportes adosados y altas ventanas. Ambos órdenes están coronados por un ático con balaustrada destinado a las habitaciones de los componentes de la vastísima corte mientras que el cuerpo central y las dos alas se destinaban a la familia del rey y a los príncipes reales.

El Salón de Marte que, durante las noches en la corte, se usaba como Salón de la Música.

El Salón de la Guerra, con el enorme medallón de yeso en el que Coysevox representó a Luis XIV vestido "a la heroica".

*Una imagen de la espléndida Galería de los Espejos,
con los candelabros de madera dorada.*

Interior. Por la Cour Royale, a través del Ala Gabriel, se llega al
interior del palacio. Pasados dos vestíbulos encontramos el **Museo Histórico** cuyos once salones están dedicados a las épocas
de Luis XIII y de Luis XIV. Al fondo de la primera galería, por
una escalera se llega e la **Opéra** ideada por Gabriel en 1770 para la boda de Luis XVI con María Antonieta; es de forma oval,
con preciosas maderas talladas y doradas sobre fondo azul. En
el II piso tiene especial interés la **Capilla** construida entre 1698 y
1710 siguiendo el proyecto de Hardouin-Mansart. Consta de
tres naves con pilastras en escuadra que sostienen las arcadas
coronadas por una galería con columnas acanaladas. De la Capilla se pasa al **Salón de Hércules**, vestíbulo del **Gran Departamento del Rey** que consta de seis salones con ricos estucos,
mármoles polícromos y tapices. Aquí el soberano recibía a la

El Salón de la Paz, desde donde se accede a la Galería de los Espejos, y la Alcoba de la Reina, con la suntuosa decoración.

corte tres veces por semana entre las seis y las diez de la noche. Los salones reciben los nombres de los asuntos mitológicos representados en las pinturas al fresco de los techos, de esta forma se suceden, el **Salón de la Abundancia** y el de **Venus**, el **Salón de Diana** (con el *busto de Luis XIV* realizado por Bernini) que era la sala de billar; el **Salón de Marte** destinado a sala de baile con un bellísimo tapiz Gobelin que representa la *Entrada de Luis XIV en Dunquerque*; el **Salón de Mercurio** destinado a sala de juego, donde durante ocho días fue expuesto el cadáver de Luis XIV; el **Salón de Apolo** destinado a la música pero que durante el día era sala del trono. A través del **Salón de la Guerra** cuya cúpula fue pintada por Le Brun y con un bellísimo *medallón en estuco* de Coysevox que representa a *Luis XIV a caballo*, se llega a la célebre **Galería de los Espejos**. Obra maestra de Hardouin-Mansart que la mandó construir en 1678 (y terminada ocho años más tarde) mide 75 metros de largo por 10 de ancho. Su bóveda fue decorada por Le Brun con pinturas que ilustran las victorias francesas. Diecisiete amplios ventanales miran al parque y corresponden a otros tantos espejos colocados en el muro opuesto. En época de Luis XIV tres mil candelas se encendían por la noche. La Galería estaba embellecida con ricos tapices, estatuas y pequeños árboles de naranjo en macetas de plata. En el fondo de la Galería de los Espejos se encuentra el **Salón de la Paz**, así llamado por el gran óvalo que sobre la chimenea representa a *Luis XV que da paz a Europa* (Lemoyne, 1729). Contiguo a la Galería está el **Departamento del Rey**. Consta de la **Sala del Consejo** donde Luis XIV solía trabajar con sus ministros; la **alcoba** revestida de madera blanca y oro, donde murió Luis XIV, y el célebre **Salón de Ojo de Buey** en el cual los dignatarios de la corte cada mañana y cada noche asistían al le-

Tres cuadros conmemorativos expuestos en la Galería de las Batallas: Horace Vernet, Batalla de Bouvines (27 de julio de 1214), y Batalla de Friedland (14 de junio de 1807) y François Gérard, Entrada de Enrique IV en París (22 de marzo de 1594).

vantarse y al acostarse del rey. Muy hermoso es también el **Pequeño Departamento del Rey** de estilo Luis XV. Por el Salón de la Paz se va al **Gran Departamento de la Reina** construido entre 1671 y 1680. Consta de la **alcoba de la Reina**; del **salón de los nobles** con los muebles que ya tenía en 1789; una antecámara con hermosísimos *tapices Gobelins* y un *retrato de María Antonieta* pintado por Vigée-Le Brun; la **Sala de los Guardias de la Reina** donde el 6 de octubre de 1789 un grupo de insurrectos procedentes de París masacró a algunos guardias que defendían a María Antonieta. Desde esta sala se puede pasar a los seis pequeños ambientes de puro estilo Luis XVI que forman el **Pequeño Departamento de la Reina**. Por la **Escalera de la reina** de Hardouin-Mansart, se va a la **Gran Sala de los Guardias** donde hay dos obras de David, la réplica de la *Coronación de Napoleón* y la *Distribución de las águilas* y una de Gros que representa a *Murat en la batalla de Aboukir*. Cerca de aquí se abre la **Galería de las Batallas** realizada por Luis Felipe en 1836. Toma su nombre de las pinturas que ilustran las más famosas batallas de la historia de Francia entre las cuales de la Taillebourg pintada por Delacroix. Por la escalera de la reina se va también a las salas de la planta baja, decoradas en estilo Luis XIV con pinturas dedicadas a los reinados de Luis XV y Luis XVI.

Una vista del palacio con el fondo del Parterre de Mediodía.

La Fuente de Latona, delante de la escalinata que conduce al castillo.

JARDINES - Son considerados el prototipo de los jardines a la francesa por su estilo elegante rico en hallazgos artísticos y escenográficos. Fueron planificados por Le Nôtre de 1661 a 1668 y ocupan una extensión de 100 hectáreas. Es indudable que el punto de vista más sugestivo se tiene desde la terraza; adornan sus extremos dos **fuentes de Diana** a la derecha y el **Point-du-Jour** a la izquierda, coronadas por estatuas de bronce. Sobre un costado de la terraza los **parterres du Nord** con fuentes, estatuas como la **Venus de la tortuga** de Coysevox y una copia de antiguo de **Arrotino** y la llamada **Fuente de la Pirámide** de Girardon. Cerca de aquí se levanta la **Fuente de las Ninfas de Diana** y la **allée des Marmousets**, una doble fila de 22 fuentes adornadas con angelitos de bronce, que sostenían los grifos de la fuentes. Por esta avenida se llega al **Estanque de los Dragones** y a la **Fuente de Neptuno** (1740).

Sobre el lado sur de la terraza, los **parterres du Midi** con originales parterres de boj. Desde los balcones se puede ver la **Orangerie** que contenía 3.000 árboles (naranjos, almendros, granados). Cada año se plantaban unas 150.000 variedades de flores. En las cercanías aparecen las grandiosas **Escalinatas de los «Cent marches»** y la **pièce d'eau des Suisses**, pequeño lago creado entre 1678 y 1682 por los guardias suizos. En su extremo se levantaba una *estatua de Luis XVI*, obra de Bernini, que Girardon transformó en la de Marco Curzio.

De la terraza central se desciende a la **Fuente de Latona**. Esta obra maestra de Marsy representa a la diosa con sus hijos Diana y Apolo y domina como en un trono sobre las fuentes concéntricas que suben en forma de pirámide. Desde esta fuente parte la larga avenida llamada **Tapis-Vert** que conduce a la gran **Fuente de Apolo.** Su creador Tuby concibió el carro del dios tirado por cuatro caballos que surge impetuoso del agua para iluminar el cielo mientras los tritones soplan en sus conchas para anunciar la llegada de Apolo. Detrás de este grupo escultórico se extiende una amplia zona verde atravesada por el **Gran canal** (de 62 metros de ancho y casi dos kilómetros de largo) interceptado en su parte media por el **Pequeño Canal**. En los contornos se encuentran fuentes y bosques: el **Bosque de los Dômes** de Hardouin-Mansart, el del **Obelisco** del mismo autor, el de los **Baños de Apolo**, la **Fuente de los Angelitos** adornada con esculturas de Hardy de 1710, la **Fuente de Encelado** con la estatua de Marsy que representa al gigante destrozado por una montaña de rocas.

LOS TRIANONS - Son otra asombrosa muestra del lujo y de la vida fastuosa de Versalles.

EL GRAND TRIANON - Este palacio que se levanta en una esquina del parque de Versalles fue ordenado por Luis XIV quien afirmaba que el Trianon se había hecho para él y Versalles para la corte. Levantado por Mansart en 1687, consta de una sola planta con amplios ventanales en arcos alternados con columnas dóricas, todo de delicado mármol rosa. Contra la opinión del arquitecto, Luis XIV quiso construir el peristilo con columnas y pilastras que unen las dos alas del palacio.

Interior. La construcción comprende a la derecha el **Departamento de recepción**, el de **Napoleón I** y el **Departamento de Luis XIV** que lo ocupó desde 1703 hasta su muerte. A la izquierda, en cambio, encontramos el **Departamento de Monseigneur** o sea el hijo de Luis XIV.

EL PETIT TRIANON - Construido por Gabriel en 1762 por voluntad de Luis XV es considerado el palacio de las favoritas de Francia. Aquí murió en 1764 Madame Pompadour y fue luego el lugar predilecto del rey que pasaba allí su tiempo libre con la condesa Du Barry. Luis XVI lo regaló a María Antonieta y Napoleón a su hermana Paulina. Por su fachada simple embellecida con columnas, por su estilo elegante y armoniosas proporciones, el palacio puede ser considerado el primer ejemplo de estilo neoclásico. En su interior conserva los muebles que pertenecieron a María Antonieta. En el jardín que lo rodea se levanta el **Templete del Amor** construido en 1778 por Mique con doce columnas corintias que sostienen la cúpula bajo la cual se encuentra la *estatua de Amor adolescente*. Allí también está la **Aldea de la Reina** o **Hameau** (cabaña) un rincón falsamente campestre, con casitas de techo de paja, una lechería, un molino de aspas movido en una época por el agua de un arroyo. Este lugar fue concebido por el pintor H.Robert entre 1783 y 1789.

El molino en la Aldea de la Reina, situado en el Petit Trianon.

Los alrededores:
DISNEYLAND® PARIS

Cómodamente accesible con el metro, Disneyland® Paris se ha convertido en una etapa obligatoria para todos, tanto niños como adultos, los que van a la capital francesa. Disneyland® Paris con sus fantásticas atracciones permite sumergirse en el mundo de las fábulas, en una aventura espacial, navegar con una barco con ruedas o venir "disparados" hacia la luna por un cañón gigante, pasar de las imágenes olográficas de los fantasmas que llenan la casa de los espíritus a la película tridimensional del Cinémagique. Y además, se puede pasear por la tranquila calle de una ciudad americana de principios del siglo XX, dar algunas vueltas en las tazas del Sombrero loco y atravesar, viajando a toda velocidad, las ruinas de un templo milenario.

Índice General

REFERENCIAS FOTOGRÁFICAS

Las fotos pertenecen al archivo de la Casa Editrice Bonechi y han sido realizadas por M. Bonechi, S. de Leonardis, L. Di Giovine, P. Giambone, J.C. Pinheira, A. Pistolesi

excepto las siguientes:

Foto G.Dagli Orti: páginas 5 centro a la izquierda y abajo, 7, 62 abajo, 74 arriba, 118, 120 arriba, 125 abajo a la derecha, 148 arriba.

© Photos Réunion Musées Nationaux: páginas 32, 34 abajo, 35, 38 abajo, 39, 40, 41, 42, 43, 44, 45, 46, 47,48, 49, 50, 69, 71, 72, 73, 84 a la derecha arriba y en el centro.

V. Gauvreau: página 86.

B.N.Cabinet des Estampes: página 6.

Se agradece a Disneyland ®Paris por las fotos de la página 156.

El Editor agradece al Service de Presse del Grand Louvre por haber autorizado la reproducción del plano en la pág. 37.